五谈乡村振兴

本书编写组　编
袁建良　主编

湖南人民出版社·长沙

本作品中文简体版权由湖南人民出版社所有。
未经许可，不得翻印。

图书在版编目（CIP）数据

五谈乡村振兴 / 本书编写组编；袁建良主编 . —长沙：湖南人民出版社，2022.4
ISBN 978-7-5561-2841-9

Ⅰ . ①五… Ⅱ . ①本… ②袁… Ⅲ . ①农村—社会主义建设—研究—中国 Ⅳ . ①F320.3

中国版本图书馆CIP数据核字（2022）第038165号

WU TAN XIANGCUN ZHENXING
五谈乡村振兴

编　　者	本书编写组
主　　编	袁建良
责任编辑	谭　乐
装帧设计	许婷怡
责任印制	肖　晖
责任校对	丁　雯

出版发行	湖南人民出版社　[http://www.hnppp.com]
地　　址	长沙市营盘东路3号
邮　　编	410005
经　　销	湖南省新华书店
印　　刷	长沙市井岗印刷厂
版　　次	2022年4月第1版
印　　次	2022年4月第1次印刷
开　　本	710 mm × 1000 mm　1/16
印　　张	13.5
字　　数	174千字
书　　号	ISBN 978-7-5561-2841-9
定　　价	58.00 元

营销电话：0731-82683348　　（如发现印装质量问题请与出版社调换）

序　言

乡村振兴　任重道远

"农，天下之大本也，民所恃以生也。"源自乡土的中华文明传承千年从未间断，悠久而厚重的农业文明滋养着中国数千年的乡土生活。

时序越千年，"筑城以卫君"的城市只是沧海一粟，广袤的乡村却哺育了大部分人口，孕育了农业与大部分手工业。无数文人骚客、隐逸雅士跳出城市的浮华，投入乡村山水的环抱。一壶清茶、一身蓑衣、一杯浊酒，或再配上三两访友，勾勒出一幅别致的田园美景。然而美好田园生活背后却是存续了两千余年的封建土地所有制，地主阶级掌握了绝大部分的土地，为了生存，农户不得不租种地主的土地，把大部分的劳动成果作为地租交给地主，忍受地主的剥削。

新中国成立后，共产党尽最大努力保障农民的权利，全力实现"耕者有其田"的构想。在社会主义建设阶段，中国共产党积极探索发展农业合作化模式，当时确立的土地和生产资料集体所有制为乡村集体主义思想打下了基础。改革开放以来，新的农村经济组织形式应运而生，家庭联产承包责任制成为农业经济发展的新支撑点。农业税的取消和土地流转制度的实施极大地提高了农业生产率，将大量农民从土地劳作中解放出来，实现亦工亦农、时工时农、半工半农的模式。这种跨越式转变既解决了城镇化进程中劳动力短缺的问题，又缓解了农村地区的经济压力。如今，农民的城市务工收入已然成为县域的主要流入资金。放眼中国乡村,两三层小楼鳞次栉比,现代精致的小区令人耳目一新,中国的农民真正走上了致富之路。

  在以习近平同志为核心的党中央的坚强领导下,历时八年的脱贫攻坚战取得了全面胜利。随着中国农民向共同富裕大步迈进,乡村的未来成为摆在管理者案头的新课题。十九大报告提出的"实施乡村振兴战略"为各级政府开展农业农村农民工作指明了方向,"产业兴旺、生态宜居、乡风文明、治理有效、生活富裕"二十字方针更是点明了乡村振兴战略的重要任务。然而乡村振兴不是喊口号式的振兴,也不是一次性的振兴,不是局部发达地区的振兴,更不仅是硬件基础设施的振兴。人才的成长和引进、资金的流入和运用、文化的挖掘和培育、生态的修复和保护、治理体系的健全和完善都需要付出艰苦的努力,需要我们一代接着一代干。

  基于此,本书编写组结合自身工作经验和调研走访情况完成了十余篇课题研究,希望为乡村振兴做出微薄的贡献。书本中不当之处,还请大家批评指正。"为山者基于一篑之土,以成千丈之峭;凿井者起于三寸之坎,以就万仞之深。"乡村振兴的目标不能毕其功于一役,需要我们始终保持坚持不懈的决心和毅力,唯其如此,才能真正突破城乡间的壁垒,真正把城乡摆在同一高度,协调进步,共同发展!

目 录

第一篇 "伟大的思想 伟大的战略"
谈对乡村振兴的认识

学深悟透总书记论述精神实质
深刻领会乡村振兴重大意义　　　　　　　//002

第二篇 "有了金鸡才能一直下金蛋"
谈产业振兴

聚焦产业发展　赋能乡村振兴　　　　　　//024
乡村振兴中的产业发展风险防控　　　　　//035
创新思路　推进县域科技创新及成果转化　//054

第三篇 "要致富 先修路"
谈乡村基础设施建设和资金保障

加强基础设施建设　夯实乡村振兴基础	//082
做强中心镇　带动乡村振兴	//100
深化农村集体产权改革　激发集体经济活力	//114
拓展投融资渠道　强化乡村振兴投入保障	//126

第四篇 "穷乡僻壤也能变成世外桃源"
谈用好生态资源

加快生态振兴　打造"金山银山"	//140
以全域旅游撬动乡村振兴	//153

第五篇 "乡村振兴最终是为了造福乡民"
谈乡村社会保障和社会治理

推进农村社会事业　提升人民幸福感	//166
健全乡村治理体系　实现乡村治理有效	//184
大力发展社会组织　助力乡村振兴	//200

第二篇

"伟大的思想　伟大的战略"

谈对乡村振兴的认识

学深悟透总书记论述精神实质
深刻领会乡村振兴重大意义

党的十九大提出：实施乡村振兴战略。农业农村农民问题是关系国计民生的根本性问题，必须始终把解决好"三农"问题作为全党工作的重中之重。要坚持农业农村优先发展，按照产业兴旺、生态宜居、乡风文明、治理有效、生活富裕的总要求，建立健全城乡融合发展体制机制和政策体系，加快推动农业农村现代化。

长期以来，习近平总书记高度重视"三农"问题，在不同时期、不同区域、不同岗位围绕"三农"问题开展了理论和实践探索。十九大以来，习近平总书记对乡村振兴战略作出系列重要判断，提出系列重要论述，作出系列重要指示，是当前和未来一段时期我国实施乡村振兴战略的根本遵循，其中蕴含的深邃思想、战略眼光、历史思维、为民情怀、实践举措，是习近平总书记作为一名大党大国领袖，依托自身深厚理论功底，站在世界百年未有之大变局，"两个一百年"历史交汇期，回望五千多年中华民族历史和百年党史，总结四十多年丰富执政经历的理论结晶。我们要溯其源、知其流、明其理，更好地学深悟透、贯彻落实习近平总书记的有关论述精神。

一、习近平总书记关于乡村振兴重要论述的形成探源

物有本末，事有始终。个人对某项事业信念的形成和战略的提出不是一蹴而就的，一般与其自身学习、工作、生活实践有关，在实践中不断增进情感、积累经验、深化认识，最终才能形成系统性的理论。乡村振兴战略的提出，也是建立在习近平总书记各个时期的认知和实践基础上，逐步完善发展后最终形成的。探究起源，主要经历以下几个时期：

（一）梁家河时期——乡村振兴战略的萌芽期

"年龄最小、地方最苦、时间最长"的梁家河7年知青岁月，首都北京和陕北农村物质条件、生活环境的巨大反差，让青年习近平真正接了地气，了解了国情，贴近了人民，深入地了解农民、了解农村，了解当时中国最底层、最真实的一面，对城乡、地域发展不平衡不充分有了最直观的印象和最深切的体会，也在同吃同住同劳动中对农民、农村积累了最质朴、最深厚的感情，这就是习近平总书记为什么对"三农"工作非常熟悉，尤其重视的源头，也是脱贫攻坚、乡村振兴等国家重大战略萌生的摇篮。这段经历的烙印深深体现在习近平总书记赴全国各地考察、调研的一言一行中：向农民问情况、和农民拉家常都是用的零距离、零门槛的语言，问的都是关系农民生产生活的大事小事，在关于"三农"工作和乡村振兴的重要论述中切中的是"耕地是粮食生产的命根子""深化农村土地制度改革""增加农民收入是关键""两不愁、三保障""厕所问题不是小事情"等关乎国家安全、农业发展、农民幸福的关键性问题，"五个振兴"中发展产业、保护生态等理念也能在习近平总书记这段时期

的工作生活经历中找到最初的影子。

（二）正定时期——乡村振兴战略的发源期

正定作为习近平总书记从政起步的地方，也是乡村振兴战略的源头。在这个时期，习近平大胆改革、积极探索"半城郊型"经济发展方式，提出"依托城市、服务城市、打入石市、挤进京津、咬住晋蒙、冲向全国"的经济发展思路和"投其所好、供其所需、取其所长、补其所短、应其所变"的二十字方针，该思路体现了城乡融合发展、区域协调发展的战略思维；提出"农业和农村经济健康发展必须走农林牧副渔全面发展和农工商综合经营的道路"，推动种养殖业多种经营、特色经营，大力发展乡镇企业，开展拓荒造林，挖掘历史文化实施旅游兴县，冲破了正定县"经济上农业单打一、农业上粮食单打一"的模式，在正定垦出了"三产融合"的试验田。同时，他还十分重视党的建设，指出要摆正党的建设和"四化"建设的关系，强调要"搞好农村基层班子建设，充分发挥它的职能作用，是搞好农村各项工作的保证"；重视智力投资，大力发展教育文化事业，改善学校条件，推行农村教育改革；内外招贤纳士，确定"看、用、养、招"原则，制定招贤纳士"九条规定"。可以认为，这些都是对"五个振兴"的早期尝试和实践基础。

（三）福建时期——乡村振兴战略的探索期

1985—2002年，习近平先后在福建的厦门、宁德、福州工作，其间他高度重视、多次分管或主抓"三农"工作，在"上高山、下海岛"的调研、实践中，种下了摆脱贫困的雄心壮志，为实施乡村振兴开展了有益、有效的探索，也为八闽大地乡村振兴打下了坚实的物质基础，留下了宝贵的思想财富。在农业发展问题上，习近平首次提出了"大农业"的概念,指出"大农业是朝着多功能、开放式、综合性方向发展的立体农业"。其中,提出了搞好粮食生产、培育和完善市场体系,加强集体经济力量、适度规模经营,农业多层次、深层次开发,依靠科技进步发展农业,"硬化"各级各部门和集体经济组织的服务职责等系列精辟观点,与乡村振兴中构建现代乡村产业体系、强化现代农业科技和物质装备支撑、推进现代农业经营体系建设、五级书记抓振兴等举措一脉相承。在乡村建设上,他提出,"农村建设是一个系统工程,要重视规划和建设,处理好四项关系:高起点规划与分阶段实施的关系,建新、改旧和整治的关系,硬件建设和软件建设的关系,政府引导和发动群众的关系"。阐述了若要改变农村落后面貌,重点要加大对农村公共基础服务的投入和保障,增加对农业农村基础设施建设投入,加快城乡基础设施互联互通,建立健全城乡基本公共服务均等化的体制机制,推动公共服务向农村延伸、社会事业向农村覆盖。尤其是扶贫方面,他留下了《弱鸟如何先飞——闽东九县调查随感》《困境的突破——贫困地区发展乡镇企业的思路》《加强脱贫第一线的核心力量——建设好农村党组织》《一种崭新资源的开发——谈加强对农村富余劳动力转移的疏导》等经典著作,深入阐述了扶贫的有关问题,为后续打好打赢脱贫攻坚战奠定了理论和实践基础。

(四)浙江时期——乡村振兴的系统实践期

浙江自古以来是中国富庶之地,改革开放以来浙江是经济改革的先锋地区之一,总体社会经济发展条件领先全国,具备率先实现乡村振兴的基础。在浙江工作期间,习近平立足浙江实际,提出了许多推动当地乡村发展的重要理论,有效指导了当地的乡村建设。他强调务必执政为民、重"三农",形成支持农业、关爱农民、服务农村的强大合力和良好氛围。城乡融合方面,他强调城乡一体化是一个根本性问题,是解决"三农"

问题的根本出路。产业方面，他强调要加快建设现代农业，转变农业增长方式，全面提高农业综合生产力。人才方面，他十分强调人才资源的重要地位，提出继续大力推进"千万农村劳动力素质培训工程"，不断提高农村劳动力的素质。就市民化问题，他提出"农者有其地、来者有其尊、劳者有其得、工者有其居、孤者有其养、优者有其荣、力者有其乐、外者有其归"。乡村物质和精神建设方面，他提出"发展强村、建设美村、反哺富村、改革活村、文明兴村、法治安村、班子带村"。生态方面，他提出了"绿水青山就是金山银山"的著名论断，强调必须要整治农村环境，改善农村的面貌、公共服务，但也不要把社会主义新农村建设变成"新村建设"，把历史建筑"通通扫荡"。他主政期间，实施"千村示范、万村整治"工程，把改善村容村貌和发展生产相结合，把村庄规划建设与基础设施、社会事业、公共服务体系等建设相结合，至今仍然是农村治理的经典手笔。在浙江工作时期，习近平对乡村振兴进行了系统性探索实践，提出了系列促进乡村发展新观点，实施了系列推动乡村发展重大工程，在省域实践上作出了"样板"。

在上海工作期间和进入中央工作以后，习近平也一直重视"三农"工作，不断提出促进乡村发展的相关理论。

总之，习近平总书记在各个时期都结合当地实际就如何推进产业、人才、文化、生态、组织等方面的发展作出系列论述和实践，不断丰富和完善乡村振兴体系，为他在十九大报告中提出乡村振兴二十字总要求，在2018年3月8日参加山东代表团审议时提出要推进乡村五个振兴、实现乡村全面发展等重要论述奠定了重要基础。

二、《中华人民共和国乡村振兴促进法》是习近平总书记关于乡村振兴重要论述的全面、系统、集中展现

习近平总书记关于乡村振兴系列重要论述的内涵和内容十分丰富，最终可以总结为其所提出的"产业兴旺、生态宜居、乡风文明、治理有效、生活富裕"五个方面和"五个振兴"，这些都穿插在十九大报告、《关于全面推进乡村振兴加快农业农村现代化的意见》、"十四五"规划纲要等重要文件、政策当中，集大成于《中华人民共和国乡村振兴促进法》（以下简称《促进法》），以法定的形式把党和国家推动乡村振兴的意志、习近平总书记关于乡村振兴重要论述的思想举措确定下来。归纳起来如下：

（一）"把中国人的饭碗牢牢端在自己手中"

习近平总书记曾反复强调"我十分关心粮食生产和安全"。事实证明，粮食生产和安全是国家总体安全的重要组成部分，特别是新冠肺炎疫情在全球暴发后，粮食生产与安全已经成为人民生存、国家独立、政权稳定的基本前提。

一是进一步抬高政治站位。《促进法》规定国家实施以我为主、立足国内、确保产能、适度进口、科技支撑的粮食安全战略，坚持藏粮于地、藏粮于技，采取措施不断提高粮食综合生产能力，建设国家粮食安全产业带，完善粮食加工、流通、储备体系，确保谷物基本自给、口粮绝对安全，保障国家粮食安全。把"地方各级党委和政府要扛起粮食安全的政治责任"落到实处，让"牢牢把住粮食安全主动权"的要求化为法律成文的硬约束、实举措。

二是严格保护耕地。《促进法》明确建立农用地分类管理制度，严格保护耕地，严格控制农用地转为建设用地，严格控制耕地转为林地、园

地等其他类型农用地。省、自治区、直辖市人民政府应当采取措施确保耕地总量不减少、质量有提高。

三是保障种业安全。《促进法》明确国家加强农业种质资源保护利用和种质资源库建设，支持育种基础性、前沿性和应用技术研究，实施农作物和畜禽等良种培育、育种关键技术攻关，鼓励种业科技成果转化和优良品种推广，建立并实施种业国家安全审查机制，促进种业高质量发展，是"把种源安全提升到关系国家安全的战略高度"的具体举措，使种子的基础作用进一步得到凸显。

（二）"实施乡村建设行动"

习近平总书记指出，"要实施乡村建设行动，继续把公共基础设施建设的重点放在农村"，党的十九届五中全会明确提出要实施乡村建设行动，"十四五"规划纲要对乡村建设作出专篇部署，2021年的政府工作报告也对其予以突出强调。

一是坚持规划先行。习近平总书记提出，"按照先规划后建设的原则，通盘考虑土地利用、产业发展、居民点布局、人居环境整治、生态保护和历史文化传承，编制多规合一的实用性村庄规划"。《促进法》明确要求，县级人民政府和乡镇人民政府应当优化本行政区域内乡村发展布局，按照尊重农民意愿、方便群众生产生活、保持乡村功能和特色的原则，因地制宜安排村庄布局，依法编制村庄规划，分类有序推进村庄建设，严格规范村庄撤并，严禁违背农民意愿、违反法定程序撤并村庄，让规划在乡村建设行动中真正发挥出引领作用，变无序、野蛮建设转变为科学布局，也成为"长牙齿"的条文。

二是推动城乡基础设施互联互通。习近平总书记提出，"增加对农业农村基础设施建设投入，加快城乡基础设施互联互通"，"补齐农村基础

设施这个短板"。《促进法》表示，县级以上地方人民政府应当统筹规划、建设、管护城乡道路以及垃圾污水处理、防灾减灾等公共基础设施和新型基础设施，推动城乡基础设施互联互通。建立政府、村级组织、企业、农民等各方面参与的共建共管共享机制，持续改善农村人居环境。国家支持以市场化方式设立乡村振兴基金，重点支持乡村产业发展和公共基础设施建设。推动公共基础设施往村覆盖、向户延伸，既便利生活，又改善生产条件。

三是提升公共服务均等水平。"凋敝的农村"的主要原因之一就是农村的公共服务水平低下，无法享受城市居民同等生、老、病、死、学等基本服务，加快了青壮劳动力的迁出，农村只剩下"九九""三八""六一"部队，形成恶性循环。习近平总书记提出，"要建立健全城乡基本公共服务均等化的体制机制，推动公共服务向农村延伸、社会事业向农村覆盖"，切中了关键问题。《促进法》则规定，国家发展农村社会事业，促进公共教育、医疗卫生、社会保障等资源向农村倾斜，提升乡村基本公共服务水平，推进城乡基本公共服务均等化。国家健全乡村便民服务体系，培育服务机构和服务类社会组织，增强生产生活服务功能。国家完善城乡统筹的社会保障制度，支持乡村提高社会保障管理服务水平。同时，提高农村特困人员供养等社会救助水平，支持发展农村普惠型养老服务和互助性养老。

四是保护传统村落。传统村落是传统乡土文化的代表。习近平总书记提出，"加大对古镇、古村落、古建筑、民族村寨、文物古迹、农业遗迹的保护力度"，留住"有形的乡村文化"。《促进法》对加强传统村落等保护做了专门规定，明确地方政府应当加强对历史文化名城名镇名村、传统村落和乡村风貌、少数民族特色村寨的保护，开展保护状况监测和评估，采取措施防御和减轻火灾、洪水、地震等灾害。鼓励农村住房设计体现地域、民族和乡土特色等。

（三）"推动乡村产业振兴"，"实现产业兴旺"

习近平总书记强调，"产业兴旺，是解决农村一切问题的前提"。只有产业振兴了，生产力发展了，乡村振兴才能够形成"产业发展—人才聚集—生活富裕—资金充裕—设施投入"的良性循环。

一是聚焦农民主体地位。习近平总书记强调"把广大农民对美好生活的向往化为推动乡村振兴的动力，把维护广大农民根本利益、促进广大农民共同富裕作为出发点和落脚点"，这是实施乡村振兴尤其推动产业振兴的根本目的。"坚持农村土地集体所有制性质，发展新型集体经济，走共同富裕道路""建立利益联动机制，让各方共同受益""把产业发展落到促进农民增收上来"等系列论述都聚焦于如何保障乡村振兴的成果为广大农民共享。因此，在《促进法》关于产业发展的篇章中，明确完善农村集体产权制度，增强农村集体所有制经济发展活力，促进集体资产保值增值，确保农民受益。坚持以农民为主体，以乡村优势特色资源为依托，促进农村一、二、三产业融合发展。培育新型农业经营主体，促进小农户和现代农业发展有机衔接。支持农村集体经济组织发展，为本集体成员提供生产生活服务，保障成员从集体经营收入中获得收益分配的权利。建立健全有利于农民收入稳定增长的机制，鼓励支持农民拓宽增收渠道，促进农民增加收入。支持农民专业合作社、家庭农场和涉农企业、电子商务企业、农业专业化社会化服务组织等以多种方式与农民建立紧密型利益联结机制，让农民共享全产业链增值收益。支持特色农业、休闲农业、现代农产品加工业等发展，支持特色农产品优势区、现代农业产业园等建设。规定发展乡村产业应当符合国土空间规划和产业政策、环境保护的要求，推动乡村产业依法有序、健康可持续发展，创造更多就业增收机会。

二是促进三产融合。一、二、三产业融合发展一直贯穿于习近平总书记各个阶段关于"三农"工作和乡村振兴的理念和实践当中，也把住了乡村振兴的命脉。《促进法》提出，要引导新型经营主体通过特色化、专业化经营，合理配置生产要素，促进乡村产业深度融合，推动建立现代农业产业体系、生产体系和经营体系，培育新产业、新业态、新模式和新型农业经营主体，实现乡村产业高质量发展壮大。发挥农村资源和生态优势，支持特色农业、休闲农业、现代农产品加工业、乡村手工业、绿色建材、红色旅游、乡村旅游、康养和乡村物流、电子商务等乡村产业的发展。支持特色农产品优势区、现代农业产业园、农业科技园、农村创业园、休闲农业和乡村旅游重点村镇等的建设。统筹农产品生产地、集散地、销售地市场建设，加强农产品流通骨干网络和冷链物流体系建设。这样，依托产业融合，更大的生产力将迸发出来，更多的资源要素将聚集起来，更多的产业收益将留在农村，拓展了农民就业、增收、致富的渠道。

三是深化科技强农。近年来，我国农业科技进步贡献率已超60%，习近平总书记深刻研判"农业现代化，关键是农业科技现代化"，指出"要加强农业与科技融合，加强农业科技创新"。《促进法》规定，支持育种基础性、前沿性和应用技术研究，实施关键技术攻关。构建以企业为主体、产学研协同的创新机制，健全产权保护制度，保障对农业科技基础性、公益性研究的投入。加强农业技术推广体系建设，促进建立有利于农业科技成果转化推广的激励机制和利益分享机制，鼓励企业、高等学校、职业学校、科研机构、科学技术社会团体、农民专业合作社、农业专业化社会化服务组织、农业科技人员等创新推广方式，开展农业技术推广服务。通过系列制度安排,有效解决"科研人员要把论文写在大地上""让农民用最好的技术种出最好的粮食"的动力和能力问题。

（四）"推动乡村人才振兴"，"打造一支强大的乡村振兴人才队伍"

习近平总书记指出，"乡村振兴，人才是关键"。只有把育才、引才、留才的机制体制健全起来，才会"让愿意留在乡村、建设家乡的人留得安心，让愿意上山下乡、回报乡村的人更有信心"。

一是发展公共服务人才队伍。《促进法》指出，政府应当加强农村教育工作统筹，持续改善农村学校办学条件，支持开展网络远程教育，提高农村基础教育质量，加大乡村教师培养力度，采取公费师范教育等方式吸引高等学校毕业生到乡村任教，对长期在乡村任教的教师在职称评定等方面给予优待，保障和改善乡村教师待遇，提高乡村教师学历水平、整体素质和乡村教育现代化水平。采取措施加强乡村医疗卫生队伍建设，支持县乡村医疗卫生人员参加培训、进修，建立县乡村上下贯通的职业发展机制，对在乡村工作的医疗卫生人员实行优惠待遇，鼓励医学院校毕业生到乡村工作，支持医师到乡村医疗卫生机构执业、开办乡村诊所、普及医疗卫生知识，提高乡村医疗卫生服务能力。公共服务均等化是硬件和软件两者均等化，基本医疗、教育是关系人民获得感、关系下一代命运的关键点，而"人"这个软件是最重要的因素，必须放在首位考虑。

二是加强产业人才队伍支撑。"发展特色产业、长期稳定致富，都需要人才"，"农业农村现代化关键在科技、在人才"，产业振兴离不开懂产业、懂经营、懂科技的人才支撑。《促进法》规定，政府应当采取措施培育农业科技人才、经营管理人才、法律服务人才、社会工作人才。应当采取措施，加强职业教育和继续教育，组织开展农业技能培训、返乡创业就业培训和职业技能培训，培养有文化、懂技术、善经营、会管理的高素质农民和农村实用人才、创新创业带头人。如此，就实现了产业人才队伍的"自身造血"和"引入活水"相结合。

三是促进农业人才流动。《促进法》明确建立健全城乡、区域、校地之间人才培养合作与交流机制,建立鼓励各类人才参与乡村建设的激励机制,搭建社会工作和乡村建设志愿服务平台,为返乡入乡人员和各类人才提供必要的生产生活服务和相关福利待遇,鼓励高等学校、职业学校毕业生到农村就业创业。通过城乡、区域、校地之间的人才流动,以此撬动资金、技术、信息等资源,为加强农业人才交流提供了有力保障,促进了"资本、技术、人才等要素向乡村流动"。

(五)"推动乡村文化振兴","提高乡村社会文明程度"

习近平总书记指出,弘扬社会主义核心价值观,保护和传承农村优秀传统文化,加强农村公共文化建设,提高乡村社会文明程度。文化自信是一个国家、一个民族发展中更基本、更深沉、更持久的力量,乡村文化、农耕文化作为中华文明的主要血脉、重要组成,必须要加以保护传承。

一是推进乡风文明。现在,农村一些地方不良风气盛行,天价彩礼让人娶不起,名目繁多的人情礼金让人送不起,陈规陋习、攀比炫富、铺张浪费等现象丛生,公序良俗遭到一定程度破坏,必须要旗帜鲜明地反对这种情况。《促进法》规定,开展新时代文明实践活动,加强农村精神文明建设,不断提高乡村社会文明程度。发挥村规民约积极作用,普及科学知识,推进移风易俗,破除大操大办、铺张浪费等陈规陋习,提倡孝老爱亲、勤俭节约、诚实守信,促进男女平等,创建文明村镇、文明家庭,培育文明乡风、良好家风、淳朴民风,从法律的高度划出一条线,告诉群众什么是提倡的,什么是反对的。

二是丰富乡村精神文化生活。近年来,随着农村空心化,精神文化生活这个精神文明的载体被削弱,文化场所设施配套建设满足不了广大农民的精神文明需要,导致封建迷信、非法宗教、赌博等不良文化生活乘虚而入、滋生蔓延。《促进法》提出，丰富农民文化体育生活，倡导科学健康的生产生活方式，健全完善乡村公共文化体育设施网络和服务运行机制，鼓励开展形式多样的农民群众性文化体育、节日民俗等活动，支持农业农村农民题材文艺创作，拓展乡村文化服务渠道，提供便利可及的公共文化服务。积极推动智慧广电乡村建设，活跃繁荣农村文化市场，以此推动文化载体建设，推进"塑形"和"铸魂"相统一，提振农村精气神。

三是传承优秀传统文化。"我国农耕文明源远流长、博大精深，是中华优秀传统文化的根。"《促进法》规定保护农业文化遗产和非物质文化遗产，挖掘优秀农业文化深厚内涵，弘扬红色文化，传承和发展优秀传统文化。坚持规划引导、典型示范，有计划地建设特色鲜明、优势突出的农业文化展示区、文化产业特色村落，发展乡村特色文化体育产业，推动乡村地区传统工艺振兴。通过这些举措，把保护传承和开发利用有机结合起来，让优秀传统文化时代化、现代化，跨越时空、薪火相传、生生不息。

（六）"推动乡村生态振兴，坚持绿色发展"

"绿水青山就是金山银山。"农村生态资源丰富，是发展的巨大优势，是乡村振兴的潜力所在。特别是在当前"碳达峰、碳中和"目标确定的背景下，生态资源转化为经济资源的前景可期，未来生态宜居的乡村将是生活富裕的乡村。

一是严格保护生态环境。习近平总书记指出，"用最严格制度最严密法治保护生态环境"。广袤的乡村是我国国土的重要组成，也须用最严密的法律来保障。《促进法》规定，健全重要生态系统保护制度和生态保护补偿机制，实施重要生态系统保护和修复工程，加强乡村生态保护和环境治理，绿化美化乡村环境，建设美丽乡村。实行耕地养护、修复、休耕和草原森林河流湖泊休养生息制度。依法划定江河湖海限捕、禁捕的时间和区域，并可以根据地下水超采情况，划定禁止、限制开采地下水区域。禁止违法将污染环境、破坏生态的产业、企业向农村转移。这些规定将国家生态保护政策在广大乡村土地上制度化、法定化，是落实习近平生态文明思想、推动乡村生态振兴的有力举措，有利于加快"绿水青山"向"金山银山"转化，也让"把碳达峰、碳中和纳入经济社会发展和生态文明建设整体布局"成为"硬杠杠"。

二是加强农业面源污染治理。习近平总书记要求"开展农业节肥节药行动，完善农产品原产地可追溯制度和质量标识制度，严厉打击食品安全犯罪，保证让老百姓吃上安全放心的农产品"。《促进法》规定，推进农业投入品减量化、生产清洁化、废弃物资源化、产业模式生态化，推进农业投入品包装废弃物回收处理，推进农作物秸秆、畜禽粪污的资源化利用。对农业投入品实行严格管理，对剧毒、高毒、高残留的农药、兽药采取禁用限用措施，不得违反农产品质量安全标准和国家有关规定超剂量、超范围使用农药、兽药、肥料、饲料添加剂等农业投入品。推动品种培优、品质提升、品牌打造和标准化生产。这是农业高质量发展、推动农村供给侧结构性改革的内在要求，也是人民群众对美好生活的向往的基本诉求。

三是改善农村人居环境。农村人居环境好不好是人民群众衡量"生态宜居"最直观、最切身的标准，也是城乡差距的明显表象。但农村人居环境建设历史欠账较多，当前农村垃圾污水处理、现代化厕所等最基本设施建设仍然任重道远。习近平总书记强调，"继续完善农村公共基础设施，改善农村人居环境，重点做好垃圾污水治理、厕所革命、村容村貌提升，把乡村建设得更加美丽"。《促进法》提出，应当建立政府、村级组织、企业、农民等各方面参与的共建共管共享机制，综合整治农村水系，因地制宜推广卫生厕所和简便易行的垃圾分类，治理农村垃圾和污水，加强乡村无障碍设施建设，鼓励和支持使用清洁能源、可再生能源，持续改善农村人居环境，把总书记"保持战略定力""钉钉子"精神的指示化为长效化、制度化的法律条文。

（七）"推动乡村组织振兴"，"推进乡村治理能力和治理水平现代化"

基础不牢，地动山摇。习近平总书记反复强调乡村治理体系的重要性，提出"加快构建党组织领导的乡村治理体系，深入推进平安乡村建设，创新乡村治理方式，提高乡村善治水平"。国家治理体系和治理能力的现代化根基在于基层治理的现代化，组织振兴是乡村振兴的根本保障。

一是确定乡村治理总要求。习近平总书记就乡村治理提出"建立健全党委领导、政府负责、社会协同、公众参与、法治保障的现代乡村社会治理体制""加强农村基层基础工作，健全自治、法治、德治相结合的乡村治理体系"等系列指示。在《促进法》中，将其归结为建立健全党委领导、政府负责、民主协商、社会协同、公众参与、法治保障、科技支撑的现代乡村社会治理体制和自治、法治、德治相结合的乡村社会治理体系，建设充满活力、和谐有序的善治乡村，首次以法律的形式明确了乡村治理体系的总要求。

二是坚持党的领导。党的领导是中国特色社会主义的本质特征和最大优势，在乡村振兴事业中也不例外。习近平总书记强调"要加强和改进党对农村基层工作的全面领导，提高农村基层组织建设质量，为乡村全面振兴提供坚强政治和组织保证"。这个要求在《促进法》中得到彰显和强化，提出中国共产党农村基层组织，按照中国共产党章程和有关规定发挥全面领导作用。同时强调要加强乡镇人民政府社会管理和服务能力建设，也包括农村社会组织、基层群团组织建设，发挥在团结群众、联系群众、服务群众等方面的作用,构建简约高效的基层管理体制,科学设置乡镇机构,健全农村基层服务体系等,夯实乡村治理基础。

三是发扬村民自治。在我国几千年的乡村治理实践中,村民自治发挥了重要作用,许多村规民约、风俗习惯到现在都具有很强的参考价值。所以,习近平总书记强调"深化村民自治实践"。在《促进法》中,被表述为村民委员会、农村集体经济组织等应当在乡镇党委和村党组织的领导下,实行村民自治,维护农民合法权益,并应当接受村民监督。同时,对乡镇人民政府指导支持农村基层群众性自治组织规范化、制度化建设,健全村民委员会民主决策机制和村务公开制度等作出规定,完善农村基层群众自治制度,增强村民自我管理、自我教育、自我服务、自我监督能力,有力地保障了村民民主治理的权力,调动了村民参与乡村治理的主动性和积极性。

四是加强干部队伍建设。在长期"三农"工作实践中,特别是在打赢脱贫攻坚战的实践中,我们党总结出了"三农"干部队伍培养建设的宝贵经验,在乡村振兴中同样适用。习近平总书记要求"建设一支政治过硬、本领过硬、作风过硬的乡村振兴干部队伍""把乡村振兴作为培养锻炼干部的广阔舞台""加强懂农业、爱农村、爱农民农村工作队伍建设"。《促进法》要求建立健全农业农村工作干部队伍的培养、配备、使用、管理机制,选拔优秀干部充实到农业农村工作干部队伍,采取措施提高农业农村工作干部队伍的能力和水平,落实农村基层干部相关待遇保障,为落实总书记要求、深化乡村振兴中"党管干部"实践作出了具体的制度安排。

总而言之,习近平总书记关于乡村振兴的重要论述的主要观点、内容、举措在《促进法》中提炼出来、呈现开来、部署下来,是其乡村振兴战略的最新理论结晶,为乡村振兴提供了重要支撑和法治保障。

三、习近平总书记关于乡村振兴重要论述的重要意义

（一）中华文明价值理念的历史传承

"五谷食米，民之司命也。"中华民族的形成和发展就是以农耕文化为基础的。纵观历朝历代，农业安则天下安，农业兴则天下兴，农业是政权稳固的根本，是其他行业物质资料的主要来源。朝代的兴起，往往是伴随着休养生息、鼓励农耕，大力开荒拓田，朝代更替也往往是从粮食歉收、流民四起而引起社会动荡开始的。所以，国之大者莫过于农。自古治国者都把农业放在首位，一切以农为中心，围绕农事治国，形成了中国独特的重农主义，农业文化源远流长，由此孵化、影响了中华民族的价值体系。习近平总书记深深扎根于中华大地，对传统文化具有深厚情结，曾多次引用"洪范八政，食为政首""政如农功，日夜思之""欲粟者务时"等典故，把农耕文化融入为政之道当中，提出"重视农业，夯实农业这个基础，历来是固本安民之要""没有农业农村的现代化，就没有国家的现代化"的论断，"农业农村优先发展"等新思想新观点。这些新思想新观点融入了中华传统文化中的优秀成分，反映了对传统重农思想、传统价值观的传承和升华。

（二）马克思主义中国化的创新发展

马克思和恩格斯的乡村发展理论产生于早期工业文明冲击传统乡村文明的时代，他们重点研究了资本主义生产方式下农业的发展方式、组织结构和社会力量，探讨了农业现代化的发展途径，提出了农业基础地位、建立农业合作社发展和壮大农村经济、无产阶级的解放离不开工农联盟、缩小工农差别和城乡差别、重视乡村生态环境的保护等精辟论述。习近平总书记的理论功底十分深厚，通过大量阅读经典著作深化了对乡村发

展规律的认识，马克思和恩格斯的观点深深影响了习近平总书记在"三农"问题和乡村振兴上的思想。这体现在习近平总书记关于乡村振兴的重要论述中：作出了"民族要复兴、乡村必振兴""稳住农业基本盘、守好'三农'基础是应变局、开新局的'压舱石'"等系列重大判断；提出了工农互促、城乡互补、协调发展、共同繁荣的新型工农城乡关系的总体思路；推进现代农业经营体系建设的重要举措；把"生态振兴"作为乡村振兴的重要目标。这些都是马克思理论中国化的最新成果，与其一脉相承，又注入了新时代、中国化的鲜明特征。

（三）社会主义本质的必然要求

"实现共同富裕不仅是经济问题，而且是关系党的执政基础的重大政治问题。"新时代下我国社会主要矛盾已经转化为不平衡不充分的发展与人民日益增长的美好生活需要之间的矛盾，而城乡差距就是其中很重要的一个方面。由于工业化的需要和规律，我国长期存在城乡"剪刀差"、以农补工，这推进了工业化、城镇化的进程。虽然在以习近平同志为核心的党中央的领导下，脱贫攻坚战取得决定性胜利，解决了绝对贫困的问题，但是农村空心化、农民相对贫困化的问题依然存在，并且这项工作不能等，要自觉主动解决地区差距、城乡差距、收入差距等问题。只有农村农业发展了，生产力才能得到更大、更均衡的解放和发展，只有占总人口近40%的农民富裕了，才是真正的共同富裕，才符合社会主义本质要求。而实现这个目标，就需要战略性、系统性、长久性地推动，乡村振兴战略的实施就是最强的动力。到头来一边是繁荣的城市、一边是凋敝的农村，这不符合我们党的执政宗旨，也不符合社会主义的本质要求，习近平总书记强调要"接续推进全面脱贫与乡村振兴有效衔接""促进逐步实现共同富裕"，深刻从社会主义本质来看待、开展乡村振兴工作。

（四）共产党人初心使命的伟大赓续

中国共产党依靠工农联盟实现了百年伟业，一代代共产党人都把为人民谋幸福为民族谋复兴作为初心使命，一直对农民有着深厚的感情，也一直把为农民谋幸福摆在重要位置。毛泽东了解农民的疾苦，熟悉农村社会，坚定地站在劳苦大众这一边，为广大农民谋利益，发动了土地改革这一场深刻的社会革命，推动了历史的进步。邓小平充分支持家庭联产承包制，极大地调动了农民积极性，激发了沉睡的生产力，让农民生活得到极大改善。以江泽民同志为核心的党的第三代中央领导集体，提出加快实行以工补农、以工促农、以城带乡的政策方针来改变城乡差距不断加大的局面，进而协调城乡之间的发展。以胡锦涛同志为总书记的第四代党的中央领导集体，全面取消"农业税"，千年税赋一朝免，大大减轻了农民负担，并提出了建设社会主义新农村的目标。习近平总书记作出"共产党人是一心一意为人民谋利益的，现在不收提留、不收税、不收费、不交粮，而是给贫困群众送医送药、建房子、教技术、找致富门路"的质朴庄严承诺，在带领全国各族人民打赢脱贫攻坚战的基础上提出乡村振兴战略，是进一步践行共产党初心使命、兑现承诺的重要体现。

（五）构建新发展格局的现实需要

经过改革开放四十多年的发展，我国综合国力、经济实力、治理能力等都实现了飞速发展。迈入高质量发展阶段，经济结构也从"两头在外"向"内生发展"转变，特别是在当前全球化遭遇逆流、国际经济循环格局深度调整的情况下，构建"国内大循环"的重要性不言而喻，而农村具有广阔的消费市场，生产力具有巨大的发展潜力，兴旺的农村、发达的农业、富裕的农民对构建"国内大循环"起到至关重要的作用。同时，粮食安全也是能否实现"国内大循环"的"卡脖子"要素，必须要千方百计给予保障。习近平总书记提出乡村振兴战略十分英明、正当其时，通过乡村振兴激活沉睡的资产、迸发新的生产力、再培养一个超大规模的内需市场、提供安全稳定的粮食供应，是加快形成新发展格局的关键之举。

[第二篇]

"有了金鸡才能一直下金蛋"

谈产业振兴

聚焦产业发展
赋能乡村振兴

产业兴旺，是实现乡村振兴的重要基础；产业发展，是农民过上美好幸福生活的源头活水。习近平总书记多次强调，要推动乡村产业发展壮大，优化产业布局，完善利益联结机制，让农民更多分享产业增值收益。这些重要指示，为新发展阶段加快乡村产业振兴提供了根本遵循。

党的十八大以来，我国乡村产业不断发展，各类新产业新业态加速孕育，但同时也存在产业链条不长、质量效益不高、要素支撑不够等问题。当前世界百年未有之大变局加速演变，外部环境越是深刻复杂变化，越是需要我们稳住农业农村基本盘，在全面推进乡村振兴的过程中探索产业发展的新路径。

一、乡村产业兴旺面临的问题和挑战

（一）高质量发展不充分

当前，在农产品质量方面，残留农药超标、畜禽抗生素滥用等食品安全事件频发；在农业产业结构方面，大多仍停留在分散经营、粗放种养阶段。随着我国社会主要矛盾发生变化，高水平的生活品质所需要的高质量农产品供给还远远不够。这就要求农业发展的思路方法要随之转换，在产品质量、产业结构、科技运用等方面不断迭代升级，提升农业整体素质。

（二）小农生产结构先天不足

一是规模小。我国2.2亿农户户均经营规模约0.5公顷，即便加上流转的土地，户均经营面积也仅仅为0.7公顷[①]。二是兼业化。当前我国农户中纯农户、一兼农户比例不断下降，二兼农户、非农户比例在上升。相当一部分农户是在满足家庭消费后出售剩余的农产品，而不是为卖出农产品进行生产。三是非法人。我国农户多是自然人，市场信用度不高。

（三）基本要素供给不够

在基础设施供给方面，农田水利、农产品仓储流通保鲜、农业科研等基础设施长期存在短板。在劳动力方面，大量的农村人口进城务工，造成农村地区空心化问题严重。在信息化水平方面，农村数字化设施一直滞后。在资金支持方面，财政扶持政策和农村金融体系不健全。

---

① 《再识中国特色农业现代化路径选择》，经济日报，2021年7月4日，第6版。

二、推动关键和特色农产品高质量发展

（一）统筹推进粮食安全与农民增收

一是加强耕地保护。习近平总书记多次强调，耕地是粮食生产的命根子。一要切实解决耕地撂荒问题。对于因基础设施条件差而导致的撂荒，政府应加大基础设施建设力度；对于因劳动力外出务工而导致的撂荒，应支持其将土地流转给种粮大户，同时努力提高种粮收益。二要不断提高耕地质量。既要加快高标准农田建设，还要统筹山水林田湖草一体化系统治理，提升耕地质量。

二是继续加大农机补贴力度。解决农村劳动力不足的重要途径是"机械换人"，这是农业现代化的必然选择。通过增加农机补贴，降低农户的生产成本、提高农业生产率，在实现粮食安全的同时促进农户增收。

三是完善种粮补贴政策和农村低保政策。进一步发挥种粮补贴对种植大户"增产"和对普通小农户"增收"的作用。将部分农业补贴预算转移进农村低保预算，降低对小农户的种粮补贴，提高对小农户的社保转移支付。同时，提高对种粮大户的补贴，保证种粮大户获得合理的粮食种植利润，保护种粮积极性。13个粮食主产区是中国粮食安全的"压舱石"，应继续加大对粮食主产区省份的农业补贴和投入力度。

（二）"像抓粮食生产一样抓生猪生产"

我国生猪生产面临多方面难题。土地供给方面，新建养殖场找地越来越难，不仅需要经过国土、环保、农业、林业、畜牧等多部门的严格审核，还可能面临环保政策的变化。认识方面，畜牧业对财政的贡献小，环保、疫病防控责任大，使得地方政府发展畜牧业的积极性不高，"只想吃猪肉，

不想养猪"。资金方面，饲料、能源的价格和人工费用不断上涨，生猪产业已经成为资本密集型产业。目前中小养殖户贷款渠道不多，贷款难度大、门槛高。竞争方面，美国土地便宜，机械化程度高，生产成本低，我国的生猪难以与其竞争。

基于此，要夯实"三大支撑"，促进生猪产业发展。一是加快整链发展。"政"（政府及相关部门），"产"（生猪协会、肉类协会、龙头企业、合作社等），"学"（高校），"研"（科研院所），"金"（各金融机构），组成产业发展联盟，搭建生猪生态圈。二是促进立体循环。在空间上，更加重视山水林田湖草一体化开发利用。在循环上，生猪、沼气、农田三维循环，保障经济效益与生态和谐。三是发挥散养优势。我国广大农民既是生产者也是消费者，既是饲料资源开发者，也是猪肉供应者。我国国情决定了在生猪产业发展中，散养户仍然不可或缺。

（三）推动油茶产业可持续发展

我国油茶产业发展存在较大短板。一是产业保护有待加强。首先，一些地方油茶果采摘秩序混乱，挫伤了油茶企业积极性。其次，林地使用证办理难度大、办理成本高。油茶企业不仅需要缴纳大量的办证费用，而且办理手续复杂，"插花地"较多，影响油茶产业整体布局和规模化经营。最后，油茶果采摘用工集中，由于劳动力外出务工，油茶采摘期劳动力结构性短缺时有发生。二是市场机制不成熟不健全。目前，我国油茶产业加工原料及工艺标准不统一，地方与行业标准不完善不健全，导致目前油茶产品市场泥沙俱下、鱼目混珠。三是行业普遍面临资金紧张。油茶产业投入大，投资回报期长。虽然各地通过加大地方财政支出和涉农资金整合力度扶持油茶产业发展，但企业自身投入资金的比例也较高。此外，由于油茶籽产出"大小年"现象明显，受自然条件影响较大，市场风险难以把控,因此银行贷款支持的意愿不强,即使油茶企业获得贷款,也需要支付较高的融资成本。

基于此,要打造"四个支点",助力油茶产业高质量发展。一要加大政策扶持。参照江西、安徽等地经验,在省级层面明确一位省领导牵头负责油茶产业发展,同时各级地方政府也应积极落实油茶产业千亿发展目标和支持措施,有效整合各类资金资源,构建多渠道资金支撑体系。二要加强老旧油茶林提质改造力度。目前湖南老旧油茶林仍然占有较大比例,产量低、质量差,严重影响湖南油茶产业高质量可持续发展。因此,每年应统筹油茶产业扶持资金的一定比例用于老旧油茶林提质改造。三要创新市场机制。鼓励运用"公司+基地+农户"、油茶专业合作社等经营模式,形成油茶企业(农民合作社)与农户利益共享、风险共担的利益共同体。同时,加快打造省级油茶统一品牌,培育扶持优秀油茶企业上市。四要推动油茶产业全产业链发展。在种植环节,通过引进优良品种和提高种植技术,提高油茶品质和产量。同时,积极发展林下经济,提高油茶林单产面积和综合效益。在加工环节,发挥龙头企业带动作用以及资源整合优势,重点进行油茶衍生产品的开发和品牌建设,向油茶高附加值领域转变,升级油茶价值链。在销售环节,针对消费升级需求,从食品、保健品、药品等不同角度构建油茶大健康产品谱系,进一步创新销售模式。

(四)加快传统农业转型升级

一方面,加强农业科技支撑。一是强化对新技术新模式的集成供给。围绕粮食、生猪、油茶等产业,因地制宜地开展技术模式研发和集成示范;围绕农林文旅深度融合和农业可持续发展开展新技术新模式的集成推广;加快适宜山区地形、果茶生产、畜禽水产养殖等农机装备的研发推广。二是强化对农业发展的绿色供给。对标全球最优，加快化肥农药减量增效技术创新，研发高效、低毒、低残留肥料和农药，生物防治等绿色防控技术，无人机等高效施药机械。三是健全乡镇新型农技推广体系，在所有涉农县（市、区）全面推行"1＋2＋X＋N"一站式服务体系，推动公共服务触角向村社和生产经营主体延伸。"1"即一个乡镇公共服务中心，"2"即农技推广、农产品质量监管两项基本职能，"X"包括农产品营销、农业保险等服务，"N"即N个生产经营主体。乡镇农技员包村联户，全面负责一个责任区内所有的农技推广服务工作，及时答复解决责任区内农民提出的各类技术问题。

另一方面，推动数字乡村赋能产业升级。一是推动农业农村信息资源共建共享。在纵向上，建立部、省、市、县、乡、村各级平台间的信息通道；在横向上，建立相关部门之间的信息共享机制。二是深化农业农村大数据应用。逐步实现农业数据采集的自动化、数据分析使用的智能化，为政府部门管理决策和各类市场主体生产经营提供完善的数据服务。三是构建完善的农业智能控制体系。充分利用卫星和地面移动式监测平台，建立涵盖地下水、地质灾害、土壤耕地质量、河流湖泊、农业气象等空地一体数据感知网络，对农业生产、自然资源、生态环境、气象灾害等进行全覆盖动态监测。加大对农产品生产、消费、成本、进出口等相关信息的监测和收集力度，打破行政限制和区域限制，实现各类监测信息有效共享。推广智能测土、智能施肥、智能灌溉、智能施药、智能耕作等技术设备的运用，推进智能收获、疾病自动诊断、精准投食等技术设备研发。四是推动农产品电商发展。大力推进农产品特别是鲜活农产品电商服务，鼓励综合型电商下乡进村，扶持垂直型电商、县域电商等多种形式电商发展壮大。

三、以三产深度融合促进乡村产业聚合

（一）培育多元化融合主体

一方面，创新发展专业合作社。一是推动兼并重组。鼓励引导同业或产业链上下游合作社，依托土地、资本等要素，通过兼并等方式进行组织架构重组和资源整合，迭代升级为合作社联合社，实现更高层次的"社社联合"，有效提升合作社规模化、规范化水平。建议将全县村一级合作社按照所在乡镇组成若干个乡镇联社，再由乡镇联社组成县联社。以县联社为主体，改造、控股现有县级国资农业发展公司，同时吸收农业类龙头企业入股，共同打造县级新型农业发展平台。龙头企业派出专业人员参与公司决策、管理和运营。二是选优配强合作社带头人。首先要有情怀，多讲点贡献和奉献，多讲点公正和公心。其次要有本事。对生产、销售、资金、风险、分配都要有想法、有办法、有招数。再次要懂政策。现在国家和各地方对合作社的支持政策越来越多，扶持的力度越来越大，政策用得不足、用得不活、用得不好，跟不上形势，是办不好合作社的。最后要会交往。合作社一头连着农户，一头连着市场，带头人要有公关能力，对上知道沟通方法，对外了解协调办法，为合作社发展营造良好的外部环境。

另一方面，大力培育农业龙头企业。一是加强政企合作。发挥政府组织优势和龙头企业规模专业优势，抓住融资平台转型的契机，由地方国企和龙头企业合资组建农业企业，政府方整合资金、土地、劳力和政策等资源，企业方发挥技术、服务、管理等方面的优势，以做强做大当地特色产业为目标，加快一、二、三产业融合。二是探索校企共建。构建以龙头企业为核心，"产、学、研"相结合的农业创新推广平台。推进龙

头企业与高校、科研院所对农业关键技术联合攻关，加速科研院所和科研人员将知识产权、科研成果通过作价入股等方式向龙头企业转移转化。三是推动资本经营。择优扶持一批实力雄厚、带动力强的产业链龙头企业，在公司治理、技术研发、流程再造等方面给予指导和支持，择机推送资本市场直接融资。

（二）发展多类型融合模式

首先，推进产业链延伸融合。按照"纵向延伸、横向拓展"的思路，通过组建农业产业化联合体等手段拉长产业链条，促进农业全产业链向高技术构成、高附加价值提升的方向发展，构建"从田间到餐桌"的完整现代农业产业体系。加强农产品物流链信息链管理，促进农业产业链各环节无缝衔接，链上各利益相关方协同高效，全面提升农业产业链整体效能。

其次，创新要素渗透融合。推进新一代信息技术、生物技术在农业产业中集成应用，促进农业发展业态创新、生产方式创新、经营方式创新、商业模式创新。

最后，加快功能拓展融合。深入挖掘利用农业的文化教育、旅游观光、休闲康养等多重功能和价值，大力实施休闲农业和乡村旅游，打造一批特色乡镇、康养基地等，发展乡村共享经济、民宿经济、康养经济和创意农业。

（三）健全利益联结机制

首先，发展订单农业。引导龙头企业在平等互利、依法依规基础上，与小农户、专业大户、农民专业合作社等签订农资、农产品购销合同（协议），构建长期稳定的购销关系和伙伴关系。鼓励支持农业经营主体与京东、天猫、拼多多等电商平台和专业农产品电商销售平台加强合作，促进农产品生产者与消费者点对点无缝定向对接。

其次，探索股份合作。结合农村集体产权制度改革，将村集体资源性资产和经营性资产折股量化到户，或由村集体统一经营，或交由龙头企业进行资源开发和产业经营，通过集体资产股份合作实现集体资产保值增值。支持贫困村将扶贫专项资金折股量化到贫困户，变资金到户为权益到户，或委托村股份合作组织统一经营，或投资入股龙头企业，发展资金股份合作。

四、夯实乡村产业发展要素支撑

（一）提升财政投入质效，变"大水漫灌"为"精准滴灌"

首先，进一步突出扶持重点。财政支出适当向农业龙头企业和新型农业经营主体倾斜，充分发挥其价值和拉动作用，推进农业全产业链建设。积极借鉴其他国家运用税式支出支持农村基础设施建设的经验，丰富税式支出方式，根据不同设施种类设定不同的支持力度。在高标准农田建设、农业科技发展、村组道路、农产品仓储设施建设等领域，适度加强中央事权和支出责任。

其次，不断完善农村产业补贴政策。当前我国农村产业越来越呈现出多样化态势，农民群体呈现出分化特征。基于这种变化，我国农业补贴政策也必须进行适应性调整，针对不同阶段、不同补贴目标，形成不同补贴政策相互补充配合的政策体系。举例来说，如果当时的政策目标是推动农业创新和三产融合，主要补贴对象就应该侧重于农村经营大户、专业合作社和龙头企业，而不应该是小农户。

（二）完善政策性农业保险，有效发挥"稳定器""助推器"作用

首先，扩大补贴规模。各级财政可依据自身财力，逐步扩大农业保险补贴规模，积极支持农业保险"扩面、增品、提标"。

其次，增加补贴品种。财政部门对农业保险保费补贴品种应在目前四大类的基础上有所增加，将量大面广、事关国计民生、农户和老百姓需求较大的品种纳入补贴范围，如重要畜禽、重要水产养殖品种、重要蔬菜水果等。

最后，实施差异化补贴政策。综合考虑各地农业生产的重要性程度、经济发展水平和财政承受能力，实行有差别的保费补贴比例，对中西部经济欠发达地区给予一定倾斜。

（三）有序引导社会资本下乡，既要"引得进留得住"也要"发展好带动强"

一方面，做好顶层设计。各级党委、政府应高度重视社会资本在推动乡村振兴中的重要作用，将其纳入"十四五"乡村振兴战略整体谋划，引导社会资本进入适宜领域，避免企业入错行走弯路。一是打造优良环境。出台针对社会资本参与乡村振兴的指引政策，明确资本下乡前置条件，让市场主体形成明确的政策预期。搭建招商服务、产权交易等政企、政农合作平台，围绕社会资本集中的行业，建立专业化的市场信息服务机制，为社会资本投资决策提供依据。二是建立有差别的激励政策。对于外部性较低的农业产业化领域，尽可能降低社会资本进入的门槛。对于农村基础设施、农村污水垃圾处理、生态环境修复等外部性较高的领域，策划一批高质量、有利润点的项目，吸引社会资本参与。三是构建利益共生关系。政府应引导支持社会资本和农户的关系由订单关系转变为股份分

红和社会化服务关系，鼓励村集体的资源型资产，以及农民的产权、资产、资金、技术等入股涉农社会资本并获得合理收益。四是有效激发要素活力。进一步放开农村集体用地，盘活闲置资源。在安排年度建设用地指标时，确定一定比例用于社会资本投资的乡村振兴项目。

另一方面，不能"富了老板，丢了老乡"。一是坚持农业基础导向。制定社会资本涉农投资正负面清单，规范引导社会资本涉农投资行为，在符合土地利用规划、产业发展规划的前提下，引导社会资本实施适当的经营项目，对社会资本圈田占地、破坏耕地等非农化行为进行严厉处罚、市场禁入。二是坚持农民主体地位。社会资本下乡，产生的应该是"带动效应"，而不是"替代效应"，必须坚持农民主体地位，在保护农民合法权益的前提下引进资本下乡。首先，要完善制度设计，建立健全项目审核评估、风险保障等制度，对租地条件、经营范围、违规处罚等作出明确规定。严禁社会资本借政府或基层组织通过下指标、分任务等方式强迫农户流转农地，让农民对土地流转具有真正的话语权和决定权。其次，完善农村土地流转体系，建立运行高效的农村土地流转市场，健全县、乡、村三级土地流转服务网络。完善土地流转风险评估、风险预警和农民利益保障机制，对流转过程中可能出现的不确定性作出前瞻性预判，防范农民因社会资本违约而遭受损失，维护农民合法权益。

乡村振兴中的产业发展风险防控

产业兴旺是乡村振兴战略的首要任务,也是解决乡村一切问题的前提。改革开放以来,国民经济健康高速发展,农村改革持续推进、市场开放程度不断提高、农业科技创新发展,乡村产业取得了长足进步,成为推动中国农业农村现代化的重要基础。当前,我国乡村产业特别是农业受多种风险影响,发展受到制约,离世界先进水平还有一定差距。做好农业发展的风险防范,是实现农业高质量发展的需要,是保障农民创业增收、促进农村可持续发展、提高农业国际竞争力的重要基础,也是推进农村发展的重要抓手。

一、农业生产及风险特征

(一)农业生产特征

农业是利用植物、动物、微生物的生长发育规律,通过人工培育以取得农产品的社会生产部门，作为第一产业，它与第二、第三产业最大的不同是，第一产业为第二、第三产业奠定基础。农业是自然再生产过程。因此，农业生产的主要特点表现在：一是受生物学特征强烈制约；二是农业生产高度依赖自然环境；三是农产品市场需求弹性较小。

（二）农业风险特征

农业的对象因自然条件、所在地域、生产方式等因素的不同，农业风险具有不同的特点，我国的农业风险的主要特征可以概括为：

一是多样性。农业受自然环境、市场供求、人类社会行为等多重因素影响，所受风险具有多样性。农业主要的风险包括：一是自然风险，为自然因素给农产品生产带来的风险；二是市场风险，通常由农产品供求关系失衡导致的价格波动造成。此外，农产品生产及经营过程中还有政策风险、储运风险等农业风险。

二是分散性。我国因地域辽阔，不同地区生产方式、种养殖作物都有差异，农业风险有着明显的分散特点，主要表现在：其一是农业经营多以家庭经营为主，难以制定统一的衡量风险的标准和操作规范；其二是农业风险被千家万户分散承担，而单个农业经营者的风险承受能力较为弱小；其三是农业作物具有地域性，不同的地区因气候、土壤环境不同，所种植的作物有着巨大差异。

三是季节性。农业生产经营具有明显的季节性。农业风险多伴随着不同的季节出现和发生。这主要表现在：其一是农业生产风险的时间性，错过季节，将给农业造成巨大损失；其二是农业风险的集中性，受季节影响大。农产品进入市场表现出很强的集中性，同一品种的农业产品基本都在同一时间上市和下市，容易造成市场季节性饱和或季节性短缺，给农业经营者带来难以预料的市场风险。

二、主要风险

（一）市场风险

市场风险，也称经济风险，指在农业生产和农产品销售过程中，由于市场供求关系不平衡、农产品价格的变化、经济贸易条件等因素变化、资本市场态势变化等方面的影响，或者由于经营管理不善、信息不对称、市场前景预测偏差等导致农户经济上遭受损失的风险。计划经济时期我国实行价格管制和统购统销等制度，农业的市场风险并不明显。但改革开放后，市场化进程加快，我国推行农产品流通体制的改革，逐步放开价格管制，农产品价格波动幅度变大、频率增强，市场风险的影响日益加深。农业市场风险的产生主要有四点原因：

一是农业自身的弱质性产业特征。农业是一个经济再生产与自然再生产相交织的过程，这个本质特性决定了农业具有天生的弱质性。首先，农业高度依赖自然，承受高强度的自然风险。其次，农业需求层次中，农产品处于第一层次，需求弹性很小，满足在一定范围内的供应需求后，农产品易供过于求，出现丰产不丰收的情况。同时，农产品具有季节性，生产周期性长，市场供给调整具有滞后性，使得农产品价格反应具有滞后性，导致农业生产者承担价格波动带来的风险。

二是农产品市场存在信息不对称，蛛网效应明显。在完全竞争的市场结构中，价格完全发挥着对农产品生产活动的调节作用，然而农产品的供求很难实现真正的平衡，价格总是在上涨和下跌中波动，经济学上将这种现象称为蛛网效应。农产品市场中，蛛网效应是必然现象。然而，同部分发达国家相比，我国农产品市场的蛛网效应相对突出。主要原因在于我国农产品市场尚未完善，市场上的信息不对称。同时，我国农民整体文化素质水平不高，受教育程度较低，普遍对在市场上接收到的信息判断力较弱，使得农民的生产行为有很大盲目性，易出现逆向选择和道德风险。故竞相压价和"旺销—扩种—卖难"的现象频发，这进一步加剧了农业的市场风险。

三是农业生产方式规模化不足，农民缺少产品定价话语权。家庭联产承包责任制的实行，带动了农民生产的积极性、创造性，但由于缺少完善健全的土地流转机制，我国农业小规模的生产格局至今未能打破。现今，我国的农业生产还多为粗放型的生产方式。粗放式生产方式下，农业机械作业和先进农业技术的推广受阻，难以形成农业规模经济以及品牌效应，故而我国农产品市场处于一种"小生产、大市场"的状态。在这种情况下，农产品市场价格的决定权就集中于少数农产品经销者手中，农民对农产品价格定价影响力不足。

四是流通环节长，流通成本高。农产品的收购、运输、加工、销售等产后环节对于农产品定价有着重要影响，目前来看，我国农产品从生产到消费者手里的中间流通环节过于冗长、流通成本居高不下，导致农产品流通成本占据农产品最终价格相当一部分比例。

（二）国外农产品的冲击风险

自加入WTO后，我国开放型农产品市场体系逐步形成，国内农产品市场和国际农产品市场接轨，既为国内农产品生产经营者提供更大市场空间，又给农业生产者带来国内国际市场双重竞争的挑战。如今，农民生产经营者面对更多的不确定因素，发生风险的风险源增加，面临的市场风险进一步加大。目前，国外农产品的冲击风险影响主要有三点：

一是长期进口某一农产品，将压低本土农产品价格，进而打击农业生产者积极性，对单一农产品的产业发展不利，抑制其发展；二是长期大量进口，会造成国内农产品的供给安全大幅下降，带来潜在食品安全风险；三是国外农产品大量进入本国市场，削弱了本土农产品在市场上的控制力和定价权。

近年来，我国的进口贸易额呈增长趋势，国外农产品进口量不断增加，原因主要有三个：第一，国内总产量不足，如大豆；第二，总量充足但是结构性失衡，如一些高端的农产品加工品；第三，价格原因，到岸价格依然比国内价格便宜，如棉花。

目前来看，我国产品面对国外同类产品冲击时，主要的短板就在于：第一，农业生产结构不合理，生产效率低，所以与国外农产品相较，产品质量更低和成本更高；第二，我国农产品早期普遍不注重自身品牌建设，导致在市场未形成品牌效应，知名度较低，缺乏市场竞争力。

抵御国外农产品冲击风险的重点就在于要提升农产品自身核心竞争力，而提高竞争力的方法在于制度改革、技术革新。第一，制度改革，推广适度规模化经营，引导一、二、三产业融合，优化农产品生产布局，依据地域优势打造品牌效应。第二，技术创新，要加快农用技术创新，尤其是农用机械的研发，通过农用机械和新型科技的推广使用，有效降低农产品生产成本、提高劳动效率，提高对国外农产品的抵御能力。

（三）科技风险

农业的科技风险，通常是指某些科技技术因素，如农业科学发展、进步（如稻麦播种收割的半机械化、产品品种的改良、农业生产技术改进等），给农业生产造成损失的可能性。一方面，科学技术的进步能有效提高农业生产的效率，解放劳动力，减少了自然灾害的危害。但另一方面，科技发展给农业带来许多不确定性，主要表现在：

一是技术可能存在不完善性，如某些新型农作物由于自身因素容易引起病虫害。二是技术可能存在不稳定性，如有些新型农作物品种种植过程中易出现变异，导致减产减质。三是技术存在环境不适应性，我国地区环境差异大，各地光照、气温、土壤等条件存在差异，新技术实验过程难以模拟各类环境，大面积推广可能造成农作物生长受损。

（四）自然灾害风险

自然风险，是指由于自然的不规则变化，引起的种种物理化学现象造成损失的风险，也就是通常所说的自然灾害。农业的发展高度依赖自然，受多种自然因素的影响。农业自然风险主要包括水灾、旱灾、风灾、冻灾、雹灾、病虫害等各种自然灾害。我国地缘辽阔，地区环境、气候差别大，农业风险复杂，具有鲜明的多元化特征。我国的自然灾害分布广、种类多、频率高、强度大，近年来，温室效应致使全球气候进一步变暖，世界各地自然灾害频发，农业的自然风险呈现日趋增强的趋势。

中国幅员辽阔，自然环境复杂多样，而且呈明显的地带性与非地带性地域差异。自北至南依次出现寒温带、中温带、暖温带、亚热带、热带等温度带，降水量从东南向西北逐渐减少，各地平均降水量差异很大。因此，各地区的农业生产经营活动将会不同程度地受地域差异性的影响。如西北高原地带降雨量少，易遭受旱灾；东北高纬度地区气候寒冷，霜期时间长，农作物易受冻灾；长江、黄河中下游地区及淮河地带，地势低洼，春夏多雨，洪涝灾害严重；沿海地区，易遭受洪水、风暴潮、海啸等自然灾害的影响。

目前，我国农业风险市场化的灾害补偿机制尚不完善。中国现今农产品市场化水平偏低，市场体系尚不完善，致使农产品比价扭曲及农业比较利益偏低，农业生产在市场竞争中处于不利的地位，农民增收难。

因收入偏低，农民对待风险普遍持侥幸心理，在风险处理过程中，依赖国家的灾害救济与社会救助，而政府作为灾害救济的主体，其救济的资金有限，对农业自然灾害的补偿作用多为应急性的，因此实际灾害补偿往往难以弥补农户所受损失。

（五）其他风险

一是农业政策变动风险。是指政府实行的一些政策、措施的变动给农业生产和经营造成损失的可能性。由于市场变化，政府政策调整是必然的，农业政策的不稳定，会给农产品生产、营销带来不少风险，如农用生产资料价格失控、收购资金不到位等都会影响农产品的价格。政策性风险特点为，其一是突发性强、涉及面广，其二是受损对象往往为中小型农业生产者。

二是储运风险。农产品具有高度生鲜性，一旦成熟采摘，必须快速推向消费市场，不然容易腐败变质。目前我国农产品流通腐损率偏高，水果、蔬菜、肉类、水产品流通腐损率分别约为11%左右、20%以上、8%、10%。而在发达国家，果蔬损失率一般控制在5%以下，其中，美国由于农产品全产业链以冷链物流为支撑，果蔬从田间到餐桌过程中的损耗率仅有1%～2%，大大提升农产品的效益。流通腐损率的高低，深刻影响着农产品最终效益的多少。因此，要完善冷链仓储物流设施建设，减少不必要的流通环节，确保高质量生产出来的农产品能够尽快且新鲜地送到消费者手中，避免腐败损坏造成经营损失。

三是人才风险。受粗放式经营模式和小规模生产格局影响，我国农民普遍收入较低，农村青年劳动力外流严重，专业农业人才不足，现从事农业生产劳动的多为中老年人，其受教育水平普遍较低，接受新事物的能力相对较弱。对同样的生产条件、基础设施、新品种、新技术，中老年人进行生产管理,其产品在质量、数量等方面通常难以达到预期效果,容易在市场竞争中被淘汰。

三、农业风险防范措施

(一)加强政府宏观调控

当前我国市场经济条件下,农业生产有着自然条件依赖性强、农产品供求弹性不均匀、投资回报率低等特征,致使农业内部资源向其他产业流出,而农产品在消费层次中属于生存资料,是基本消费需求,要保证农产品市场的正常运行,政府必须对农业进行宏观调控。

一是政府加大对农业生产的支持。通过加大财政投入和政策支持,加强各类农产品基地的建设以及农业科学技术的研究开发和推广等。

二是强化农产品市场的调控和管理。国家对农产品市场的管理,除了制定运行规则之外,还可运用一系列的手段进行调控,如国家对农产品实行合同定购或对某种农产品进行垄断经营,建立农产品的风险调节基金、农产品的储备调节制度以及进出口调节制度。

三是加强农业生产资料和农用资金的管理。国家对农业生产资料管理包括对农业生产资料生产的控制和管理、农用生产资料流通的管理、物资的调运、价格的调节等。国家对农业资金的管理主要是对农业生产信贷资金的管理和农产品收购资金的管理。为了保障农业生产和农产品收购的正常进行,除了一般性的商业贷款以外,国家还对部分农业生产和农产品收购提供政策性贷款,并通过专门的农业政策性银行——中国农业发展银行进行管理。

四是构建有效的农产品价格保护机制。价格支持手段是许多国家在流通领域对农业采取的最有效的保护措施。其一是建立农产品收购保护价格制度，设置农民能承受的风险的底线。其二是建立农产品的储备制度，在市场价格低于保护价格时增加储备使丰收时农民能将农产品全部卖出，在市场价格高于保护价时抛售储备平衡市场供求，进而稳定价格。

（二）全方位提升科技水平

通过将高新技术融入产品生产经营，利用技术革命和技术革新的成果，有效改善现行农业模式下，质量与效率偏低、管理水平不足等问题，推动我国农业由粗放型生产经营方式向集约型生产经营方式转变，从而有效防范各类农业风险。

一是利用先进的农业技术装备，有效提高劳动生产率。农业科学技术的进步，为农业提供了大量先进工具等，应提高现有农业装备水平，提高劳动生产率，降低生产成本，提高投入产出比。

二是提高土地生产率和农产品质量。技术进步，一可为农业不断开发和提供高质量的生产资料，如化肥、地膜等，提高生产效率；二可为农业培育提供新品种，提高投入产出比；三可为农业提供先进适用的耕作技术等，提高农艺技术水平。

三是提高资源利用水平，扩大农业经济效益。一方面技术进步可扩大农业资源的利用范围，提高农业资源的质量和单位资源的利用效率，使有限的农业资源发挥更大的经济效用。另一方面可促进生物因素和环境因素的统一和协调，按照因地制宜的原则优化农业资源配置，以充分发挥农业生产的地域优势，从而扩大农业的经济效益。

四是提高宏观经济管理水平。国家有效的宏观调控，可以正确引导农业生产经营活动，减少或避免农业生产经营的盲目性。采取现代化科学管理手段可提高经营管理水平，从而保障农业生产经营活动高效健康进行。

五是改变农民的生产方式和思想观念。农业技术进步可使农民的劳动条件不断改善，劳动强度不断降低，收入水平不断提高，从而调动农民科学生产的积极性，努力学习与掌握科学文化知识和劳动技能。先进的农业科学技术一旦被农民掌握，必将引起农民思想行为的一系列变化，改变传统的价值观念、生产方式和生活习惯。

现阶段，我国新型科技未能全面应用于农业的主要原因在于科技在农村推广力度不足以及部分科技难以满足农业需求。因此要发挥高科技化解农业风险的作用，要从技术推广和科技创新两方面出发：

一是多渠道推广农业技术，完善现行农业技术推广体系。采取以政府、科研单位、团体协会、企业等多方推广并存的模式，通过政府和社会资金投入，加强农业科技推广人员的培养教育，加大农业技术的推广力度。同时，在进行技术推广应用的过程中，积极探索以农户为中心的推广方式，因为农户是技术的最终需求者，而不是技术的被动接受者。改变以往单一的自上而下的推广方式，引导农户成为推广应用的主体，形成自下而上的推广应用机制。

二是以产业发展需求为导向，推进科技与产业相融合。重点结合数字技术的发展推动互联网、大数据、人工智能和农业经济相融合，加快推动农业数字化、网络化、智能化，增强新业态的技术保障。强化战略前沿性技术布局，加强农产品柔性加工、区块链＋农业、人工智能、5G等新技术基础研究和攻关，形成一系列数字农业战略技术储备和产品储备。强化技术集成应用与示范，开展智能感知、模型模拟、智能控制等技术及软硬件产品的集成应用和示范，推广一批典型模式和范例，全面提升农业农村生产智能化、经营网络化、管理高效化、服务便捷化水平。以乡村产业发展需求为导向，推动形成产、学、研紧密结合的农业科技创新体系，促进科技与产业深度融合。

（三）畅通农业流通环节

当前我国农产品从农村到城市，普遍为"生产基地—经纪人—批发市场—零售商—市民"。这样的流通路径，中间环节过于冗长，增加了农产品价格波动的概率，也加大了农产品市场的风险。加强农产品流通体系建设，建立现代农产品物流方式，减少不必要的流通环节，降低流通成本，可在一定程度上保持农产品市场价格的稳定，对防范市场风险有重要意义。畅通农产品流通，需充分利用现代信息技术手段，发展农产品电子商务等现代交易方式。积极探索建立生产与消费有效衔接、灵活多样的农产品产销模式，减少流通环节，降低流通成本。

一是加快农产品流通基础设施建设。推进农村物流网络建设，建立便捷高效的农村交通综合物流体系。加强冷链物流建设，推进农产品产地初加工，推广适度规模的产地贮藏保鲜设施，推进制定冷链物流相关技术标准和专有设施装备管理制度，支持第三方冷链物流企业加快发展，提升产地市场农产品商品化处理能力。

二是创新农产品流通方式。推进农产品电子商务发展，鼓励发展订单农业，探索拍卖交易模式。积极推进农社、农企、农批、农校对接，强化供应链管理，建设中间环节，形成农产品现代产销一体化流通体系。

三是创新企业与农户之间利益连接机制。建立完善"企业＋基地＋农户""公司＋村委会＋农户""企业＋农民专业合作经济组织＋农户"等多形式的生产经营模式，强化企业和农户间的利益连接，建立起契约式的利益共享、风险共担、长期稳定的利益联结机制。有效加强农户和企业的合作，减少流通环节，降低流通成本。

（四）强化产品深加工

目前，我国农产品由于贮藏、加工水平低，采后损耗远高于发达国家平均水平。当农产品集中上市时，容易产生供过于求的现象，大量的农产品积压。水果、肉类等农产品难以保存，而一旦腐烂，农民将承担巨大经济损失，并更改之后的生产行为，由此产生的价格落差将进一步加剧市场风险。因此，对农产品进行保鲜贮藏和加工转化，再根据市场需求均衡上市，是扭转收获季节集中上市引发的价格混战局面、增加水果等农产品的附加值、增加农民收入、减缓市场风险的重要抓手。要改善我国农产品深加工现状，需政府、企业、农户三方联动、共同合作。

一是政府做好规划设计，创建良好营商环境。一方面，政府应加大农产品深加工企业资金和技术扶持。通过制定优惠政策，为产品深加工企业的发展创造宽松的政策环境，加大投资力度，开辟绿色通道。同时，积极拓宽融资渠道，建立企业、银行、担保公司、政府四方联动的机制，鼓励、引导符合上市条件的农产品深加工企业上市。另一方面，政府要根据自身的区域优势、特色产品进行招商引资，积极引进农产品深加工企业落户本地，以此促进企业的集聚和优势产业集群的形成。同时，要做好宣传，吸引对农产品深加工企业有兴趣的投资者前来洽谈，为企业融资引入社会资本。

二是企业加强品牌建设，提升核心竞争力。农产品深加工企业要加强品牌建设，充分利用区位和文化资源优势，积极整合各方资源，挖掘文化价值，深化品牌建设的内涵，加大品牌的创建和争取力度。制定品牌建设的长期规划，结合企业的现状选择适合的营销策略进行品牌的推广和宣传，根据企业自身状况和市场环境的变化对品牌策略做必要的调整，提高企业知名度。农产品深加工企业要让品牌始终处在企业发展战略的最高处，让品牌成为企业持续发展的核心竞争力，引领企业的发展。

三是强化农企联动，共创良性循环。积极推动企业和农户进行合作，建立合作契约，强化企业和农户间的利益连接。农产品深加工企业充分发挥自身的信息优势，引导农户根据市场需求生产相应农产品。同时，企业要加强对农民的技术指导，对农户进行产前、产中、产后一体化的技术培训，从源头上保证农产品深加工原料的数量和质量。通过企业农户双方合作，既促进农民增收、农村经济发展，也为企业发展创造良好的条件，形成良性循环。

（五）全面推行智慧农业

智慧农业主要是指农业生产在原材料供应、生产加工、产品储存以及市场销售等各阶段与新兴的物联网技术、云计算大数据技术以及卫星技术相融合，最终以提高农业的生产效率、生产规模和生产效益为目的的一种现代化农业发展形式。智慧农业的推行，能有效防范农产品的自然风险、市场风险。

智慧农业促进农业生产精细化。智慧农业通过构建集环境监控、作物模型分析和精准调节为一体的农业生产自动化系统和平台，借助物联网对不同的农业生产对象实施精准化操作，通过传感设备监测环境的物理参数，对土壤、大气、水等生产环境状况进行实时动态监控，使之符合农业生产环境标准。对生产过程各个环节，按照一定技术标准和规范要求，通过智能化设备进行影响和控制，大大改善农产品品质。通过智能化设备实时精准监测农产品品质，保障农产品符合消费者需求，实现供给与需求的有效对接。

智慧农业促进农业生产高效化。智慧农业通过云计算、大数据等先进信息技术,使农业生产经营者更加便捷灵活地掌握天气变化数据、市场供需数据、农作物生长数据等,更加准确判断农作物生长需求。利用空间地理信息、遥感等技术,提高粮食生产的监测、预警水平和产量评估水平,增强农业生产对自然环境风险的应对能力。通过智能设施合理安排用工用时用地,提高农业生产组织化水平,提高劳动生产效率。

实现绿色化,推动资源永续利用和农业可持续发展。智慧农业作为集保护生态、发展生产为一体的农业生产模式,通过精细化生产,实施测土配方施肥、农药精准科学施用、农业节水灌溉,推动农业废弃物资源化利用,达到合理利用农业资源,减少污染,改善生态环境的目的,既保护好青山绿水,又实现产品绿色安全优质。借助互联网及二维码等技术,建立全程可追溯、互联共享的农产品质量和食品安全信息平台,健全从农田到餐桌的农产品质量安全过程监管体系,保障人民群众"舌尖上的绿色与安全"。利用卫星搭载高精度感知设备,构建农业生态环境监测网络,精细获取土壤墒情、水文等农业资源信息,匹配农业资源调度专家系统,实现农业环境综合治理、全国水土保持规划、农业生态保护和修复的科学决策,加快形成资源利用高效、生态系统稳定、产地环境良好、产品质量安全的农业发展新格局。

智慧农业在我国现处于起步阶段,存在整体规划缺乏、技术短板明显、科技投入和信息化水平不高、复合型高素质人才不足、农业劳动者从事智慧农业意愿不高、智慧农业发展受要素资源影响大、创新性农业商业模式匮乏等诸多问题。为此,应从顶层设计安排、制度机制设计、基础设施建设、科技研发投入、专业人才培养、政策体系构建等方面着手解决,多方面助推,营造适应智慧农业发展的制度环境,激活要素,激活主体,释放更大的市场活力,为智慧农业发展保驾护航。

一是加强顶层规划设计,营造良好发展环境。各地政府应立足区域

农业发展优势，根据不同的气候和地质条件，加强对智慧农业工作的宏观指导，促进智慧农业的相关政策落地实施，鼓励发展适合本地实际的智慧农业模式。

二是制定相关配套政策，锚定项目支持方向。政府部门应加大对智慧农业的资金、技术的支持和投入，提高智慧农业资金支出比重，对智慧农业技术产品和应用主体给予政策性资金补贴，鼓励有实力的企业和村级集体经济组织参与智慧农业体系建设。

三是强化信息基础设施建设，降低智慧农业发展成本。利用"互联网+"优化产业链、价值链结构，构建集实时感知、智能决策、自动控制、精准作业、科学管理于一体的智慧农业体系，将农产品的生产、加工、仓储、运输、配送等服务串联起来。

四是培养农业信息化专业人才，推进农民职业化经营。大力培养农业科研创新、技术推广人才，以及农业产业化龙头企业带头人，为发展智慧农业提供必要的智力支持，促使传统农民先向职业农民转型，再向"新农人"转变，带动农业和农村经济的现代化发展。

五是健全智慧农业支持政策，鼓励多元主体参与。政府要加强对智慧农业发展的监督和指导，采取刚性约束制度，**避免各种投机行为的发生**，不断增强科学性和有效性。

（六）完善农业保险建设体系

农业保险作为政府支持和保护农业的重要措施，能有效弥补各类风险带来的直接损失。但目前,我国农业保险密度和深度还有很大挖掘空间，究其原因有四：第一，我国农业经营者风险防范意识普遍较低，依赖于政府补救，投保意愿不强；第二，现有保险品种覆盖面不足，新型农业保险制定成本偏高；第三，保险对象过于分散，保险公司经营成本过高；

第四，农产品受损因素过多，当前农业保险定损缺乏统一标准，易引发参保双方矛盾。

建立完善的农业保险体系，防范农业风险，需国家政策性农业保险以及商业性农业保险共同合作，建立多层次覆盖、多渠道支持、多主体经营的农业保险制度。通过政府的政策支持实现政府与市场相结合，确保农业保险的经营稳定性。

一是创新农业保险品种，扩宽保险覆盖面。在现有农业保险品种的基础上，积极研发农产品的价格保险，来弥补因农产品市场价格波动造成的损失。探索农业生产者的经营收入保险，对购买收入保险的农业生产经营者，当其实际收入达不到预期目标时，按照保险合同条款约定，由农业保险负责给予补差。此外，保险机构应持续研发"保险+期货"、气象指数保险、农业巨灾保险等险种，拓宽保险覆盖面，为农业生产者提供更多选择。

二是提高保费缴费标准，加大保险赔付额度。对于农业保险参保对象，要适当提高缴纳保费的标准，对于政策性农业保险，政府要加大农业保险保费的财政补贴力度。农业保险的保费增加，农业保险公司保费收入增加，制定新型保险和提高保险赔付标准的积极性自然提升，进而保障农业经营者的损失能够降到最低。

三是加强保险知识宣传、提升农户保险意识。一方面，要进一步明确政府机构在农业保险工作中的角色定位，主动配合保险公司业务人员开展工作，双向助推保险工作；另一方面，政府连同保险机构开展多形式的活动，宣传农业保险政策及农业保险开展情况及保险业务知识等，增强农户对农业保险认识和投保意愿，进而拓宽农业保险市场。

四是建立保险联动机制、共同助力农业保险。农业保险涉及保险、农业、财政等多个部门，为此要建立农业保险的联动工作机制，发挥各个部门的专业优势。农业部门要发挥其在农业生产经营中的技术优势，主动参与农业保险技术条款的制定；保险部门要发挥其保险业务的优势，创新研发符合农业生产特点的保险品种；财政部门要加大对政策性保险的财政补贴力度，多部门合作，才能共同推动农业保险发展。

（七）推进产业深度融合

目前，我国乡村产业链条较短，农产品加工增值率不高，未能形成高影响力、高竞争力的产业集群。众多乡村产业停留在农产品初加工、低层次的乡村旅游、产值低的农业资源化利用等方面，难以适应新发展需求。

产业发展趋于规模化、综合化、专业化和系统化，而单一产业发展难以形成集聚效应。中国是人口大国，农业对中国最重要的功能是保障主要农产品的有效供给，尽管农业的经济地位在下降，但是农业作为基础性产业的地位不会改变，要稳住农业基本盘，就要加深农业与二、三产业的融合程度。

产业融合优势有三：第一，农村产业融合发展能有效整合农业生产链，促进农业生产方式由粗放型向集约型转变，实现农业多层次增值增效和农村产业竞争力的提高。第二，农村产业融合发展有利于扩充农村人力资源。通过产业融合发展，可以进一步拓展产业空间，引导工商资本投资农村，引导技术、人才、信息等现代高端生产要素向农村流动，促进城乡资源互联互通，城镇化与乡村振兴同步互动发展。第三，农村产业融合发展有利于拓展农民增收新空间。农村产业融合推动农业内部分工不断细化，农业产业向二、三产业不断延伸，从而拓展更多的就业和增收空间。

农村产业融合主要从以下几个方面发力：一是加强融合发展规划制

定,强化规划示范引领作用,推进农村一、二、三产业融合发展。二是创新融合发展体制机制,激发融合发展内生动力。以改革创新为动力,搭建组织载体,创新融合模式,激发市场主体融合发展的活力。三是加强融合发展创新驱动,增强融合发展科技支撑。广泛开展自主创新、协同创新、开放创新,以技术创新推动农村三大产业渗透融合。四是提升融合发展服务能力,提高融合发展服务水平。政府要通过各种优质服务为农业龙头企业、专业合作社等市场主体提供急需的服务和良好的投资、经营环境。五是完善融合发展扶持政策,加大融合发展扶持力度。完善土地、财税、投资政策,为农村产业融合发展提供有力支撑。

(八)强化人才队伍建设

我国大部分地区的农业生产仍处于粗放式经营模式,农民普遍收入较低,农村青年人力资源向城市流动,相应地,农村产业活力的缺乏使得城市人才也不愿意进入乡村发展。乡村现有人力资源的缺失,导致现代化农业技术普及率不高,从而使得现代农业的市场运作难以实现,金融无法有效提供支撑,互联网无法充分发挥优势,制约了农业农村的发展。为此,必须多渠道构建和培育乡村振兴人才体系,从根本上打破人才制约瓶颈,助力乡村振兴。

一是多方位培育人才,强化本土人才队伍建设。首先,是加大新型职业农民的培育力度,实施新型职业农民培育工程,提升农民自身的农业技术水平;其次,是要加强农村专业人才队伍建设,成立专业的农业技术队伍以及农业服务人才队伍;最后,是要加强乡村干部队伍的培养,通过外出培训、交流学习等多种方式,提高乡村干部科学谋划农业发展和解决实际问题的能力。

二是实行人才引入,引导农业人才参与乡村建设。政府通过建立健全激励保障机制，落实和完善相关扶持政策，深入推进各类人才引进计划。鼓励、引导懂农业、懂技术、懂市场的专业人士参与乡村振兴战略，将现有社会人力资源转化为农村发展主力，打造高素质、高技术、高智商的农村建设队伍，支持农村建设和农业发展。同时，积极与学术机构展开合作，成立专门的实验点，借助高校、科研院所的高端科研技术力量及最新的科研成果，服务农业发展。

创新思路
推进县域科技创新及成果转化

"民族要复兴,乡村必振兴。"习近平总书记反复强调,实施乡村振兴战略的总目标是农业农村现代化。《中共中央 国务院关于全面推进乡村振兴加快农业农村现代化的意见》提出,举全党全社会之力加快农业农村现代化,要坚持创新驱动发展。科技创新是实现农业全面升级、农村全面进步、农民全面发展的主要推动力,创新成果的应用是农业农村现代化的关键问题。

科技部印发的《创新驱动乡村振兴发展专项规划(2018—2022年)》对乡村振兴中科技创新工作的目标和任务做了明确安排部署:到2035年,创新驱动乡村振兴发展取得决定性进展,科技支撑农业农村现代化基本实现。农业农村科技创新体系更加完善,农业农村科技创新供给能力大幅提升,农业科技实力大幅跃升,农业科技型企业发展壮大,农业高新技术产业竞争力进一步增强,农业新技术、新产品、新模式和新业态不断涌现,促进农民就业创业取得显著成效。

县级行政区域作为统筹农业农村现代化、农业科技化的基本单元,是农业科技创新的主战场,更是科创成果转化应用的前沿阵地。如何结合地方农业资源禀赋,引导人才、信息、资金、管理等创新要素聚集,探索科创成果服务农业产业链以及农村治理能力的具体路径,值得县域经济决策者深入思考和研究。

一、县域乡村振兴工作中科技创新及成果转化的重点领域

打造现代化的农业产业体系、生产体系、经营体系,促进农村产业融合发展是乡村振兴的主要目标。农业生产机械化、农业农村智慧化、农业经营体系现代化是科技创新及成果运用的重点领域。

(一)农业生产机械化

农业生产机械化能够大大提高农业生产力,对农业发展方式的转变具有重要意义,是科技创新应用于农业现代化的关键领域。根据国务院《关于加快推进农业机械化和农机装备产业转型升级的指导意见》,到2025年,我国农机装备品类应基本齐全,农机装备产业迈入高质量发展阶段,全国农作物耕种收综合机械化率达到75%,粮棉油糖主产县(市、区)基本实现农业机械化,丘陵山区县(市、区)农作物耕种收综合机械化率达到55%。

县级政府推动农业机械化工作可聚焦于以下四点:一是扩大农机技术的应用范围和应用能力。具体可通过政府购买服务等方式,鼓励农机科研人员、农机生产企业、新型农业经营主体开展技术合作。二是加大农机社会化服务推广力度。包括发展农机社会化服务组织,落实农机服务金融支持政策,发展农机保险,按规定减免增值税等。三是提高农机作业的便利程度。加强高标准农田建设,以及农村土地综合整治等方面制度、

标准、规范和实施细则的制定和修订，明确田间道路、田块长度宽度与平整度等"宜机化"要求，开展丘陵山区农田"宜机化"改造。四是改善农机作业配套设施条件。增量供应设施农用地、新型农业经营主体建设用地，落实农业生产用电等相关政策。布局农机具存放和维修、农作物育秧育苗以及农产品产地烘干和初加工等农机作业服务配套设施。

（二）农业农村智慧化

随着科学技术在农业领域的应用，信息的有效交互使农业生产管理向更为便捷高效的方向发展。发展智慧农业、建设智慧农村成为未来农业生产、农村治理发展的趋势。

首先，农业生产智慧化。农村产业发展是乡村振兴的重要保障和首要任务，2018年湖南省发布了"一县一特"主导特色产业发展的指导目录，县级政府围绕本县的主导特色产业，可在以下方面进行智慧化升级：一是聚焦于农产品全产业链大数据建设。对重要农产品品种，利用信息技术打通产业链各环节，采集、分析和应用核心数据，实现对关键共性技术的研发、挖掘利用、关联分析和成果应用。二是聚焦于农产品质量安全，监测农兽药基础数据，提高农产品信息透明度。三是应用物联网、人工智能、区块链等信息技术，建设新型智慧农（牧、渔）场，结合智慧农机应用，提高农业生产效率。四是聚焦于对接遥感卫星天基的配套应用设施建设。五是聚焦于高质量农产品的科技保障。

其次，农村治理智慧化。一是加快信息化发展，提高农村财务会计、农民负担监管、农业社会化服务以及农村宅基地管理的工作效率。二是建立农村社会事业、农村人居环境等领域监测体系。三是推动农村集体资产管理走向信息化、数字化、透明化，实现农村集体资产大数据资源逐步共享。

（三）农业经营体系现代化

构建现代化农业经营体系，关键在于发挥多种形式的农业适度规模经营的引领作用，打通科技成果转化应用、农产品经营流通各环节堵点，夯实农业公用设施基础，形成有利于现代农业生产要素创新、应用与运营的机制。

一是畅通现代种业推广应用渠道。农业经营围绕农产品展开，而种业是农产品的"芯片"，畅通渠道，紧抓种业"农业芯片"推广应用，是满足和创造农产品市场需求的前提。二是构建以人才为核心的农业农村科技成果转化应用经营体系。找到农业生产经营中的问题、及时引进和转化科技创新成果，才能有效推动农业经营。而推进成果转化的核心是人才，县级政府部门应对接好各级部门出台的人才培养及科技特派员制度，整合资源，形成一批农业科技传播者、科技创新领头羊、乡村振兴致富带头人。三是建设"互联网+"农产品的销售网络。加快培育农产品产业化运营主体，建立其联合产业链各环节市场主体、小农户等的信息沟通平台，利用科技创新提高供应链管理和品质把控水平、提升电子商务支撑服务水平，开拓网络市场。四是建设农产品现代化流通设施。利用信息化技术提升批发市场、商品集散中心、物流基地的运营效率，铺设区域性冷链物流枢纽。

二、县域乡村振兴工作中科技创新及成果转化的路径及保障

（一）构建科技创新及成果转化支持乡村振兴的长效机制

首先，建立科技创新及成果转化支持特色产业的长效机制。科技创新及成果转化服务乡村振兴工作，关键在于找准地方特色产业、培育龙

头企业，推动建立紧密的产、学、研相结合的长效机制，形成合力解决县域科技创新能力总体较弱、成果转化不及时的问题。构建长效机制应从以下方面入手：

一是建立产业创新联盟或技术协会等机构，形成联合开发、优势互补、利益共享、风险共担的技术创新合作组织。二是政府引导建立，遵循市场规则。在体现国家乡村振兴战略目标的基础上，立足于地方龙头企业创新发展的内在要求和合作各方的共同利益，并满足地方特色产业发展。三是明确组织任务。联盟或协会任务主要在于组织企业、大学和科研机构等解决产业技术创新的关键问题，建立公共技术平台，实现创新资源的有效分工与合理衔接，实施技术转移，加速科技成果的产业化运用，联合培养人才，加强人员的交流互动，为产业持续创新提供人才支撑。四是构建好内部运行机制。包括设立决策、咨询和执行等组织机构，健全组织内部经费管理制度，建立各成员之间的利益保障机制，建立开放发展的机制等。

其次，构建科技人才支持乡村振兴的长效机制。人才是加速释放科技创新红利的核心，构建科技人才支持乡村振兴培养、激励等长效机制，对持续激发科技人才创新活力，不断推进科技人才队伍建设，为乡村振兴提供坚实科技人才支撑具有重要意义。具体可以从以下几方面入手：

一是完善创新激励政策体系。紧扣乡村振兴中科技创新及成果转化的短板和需求，加大对创新绩效的正向激励，加大特色产业领军企业研发扶持力度。编制出台推动加强基础研究、规范研发费用加计扣除、省级高新技术企业认定、科技成果转化、科普发展规划等政策措施，综合推动科技人才开展科技创新活动。二是创新科技人才体制改革。目前中央、省对科研机构、科技人才开展了新一轮的"松绑""放活"，科研机构和科研人员被赋予了更大自主权，允许科研人员兼职创新或在职创办企业或离岗从事科技成果转化，地方政府应对接科研机构、高校对科研人才的考核制度，从利益分配、考核加分等制度设计着手，形成促进科技人才下乡的正向激励机制。三是探索创新科技人才参与乡村振兴工作的使用机制。依托省级创新实验室、科技人才管理部门，探索建立乡村振兴中科技任务悬赏、重大项目组织、人才双聘双跨、"事业编制池"等方式，集聚、吸引高端科技人才，全面激发科技人才的创新活力。四是创新科技特派员选认方式和激励措施。落实科技特派员制度，将服务农村基层一线实绩和科技成果转化实效作为科技特派员职称评审、职务晋升的重要依据。跨界别、跨区域选拔科技人才，推动科技特派员工作向二、三产业拓展。支持开展团队服务，推行法人科技特派员模式，创新"订单式"需求对接模式、"菜单式"服务供给模式。

最后，构建科技创新及成果转化服务农村治理的长效机制。建立科技服务乡村治理的长效机制关键在于突出问题导向，坚持党建引领，强化科技支撑，狠抓平台打造，促进治理主体协同。具体可以从以下几方面入手：

一是以科技服务基层党建工作为具体抓手。完善乡村治理智能化的领导格局，以技术创新推动基层党建与乡村治理深度融合，把党的领导贯穿于加强和创新乡村治理的全过程和各方面。二是建设基础数据平台。在完善信息资源管理体制与安全保障体系的基础上，建立统一的基于大数据的政府信息资源整合应用平台，整合公安、消防、信访、人社、民政、卫生等各部门的社会信息和视频资源，以地理信息库为依托，关联人口信息、法人信息、房屋信息、部件信息等，实现管理信息的准确采集、网络传输、实时管理、交互共享。三是建设综合治理平台。以电子政务网络和安全专用网络、无线网络为通道，开发部署全面覆盖、动态跟踪、联通共享、功能齐全的综合治理平台，发挥视频监控天网实时监控、物联感知地网实时监测、治安防控人网实时应对、舆情监测互联网实时引导的作用，实现对乡村"人地物情事"的信息化管理，为社会重点要素的动态管控、基层民情形势的分析研判、民间矛盾纠纷的联合调处提供信息化支撑。四是建立公共服务平台。依托基层网格化服务团队，采用信息化手段，利用呼叫中心、短信、QQ、微博、微信、移动终端、互联网等技术方法与互动模式，结合网络信息平台的信息化优势，整合党委、政府、企事业单位、行业协会、社会公益组织、公众等多元主体力量，为乡村提供多元、便捷、高效的服务。

（二）加快建设以农业示范园为代表的农业产业类专业园区，实现龙头带动

农业示范园是以科技为支撑的农业发展的新型模式，是农业技术组装集成的载体。作为市场与农户连接的纽带、现代农业科技的辐射源、人才培养和技术培训的基地，对周边地区农业产业升级和农村经济发展具有示范与推动作用。构建现代乡村产业体系，重在依托乡村特色优势资源，打造农业全产业链。2018年，中央一号文件提出，建设现代农业产业园、农业科技园。《中共中央 国务院关于全面推进乡村振兴加快农业农村现代化的意见》指出，立足县域布局特色农产品产地初加工和精深加工，建设现代农业产业园、农业产业强镇、优势特色产业集群。建设高水平园区，可以遵循以下路径：

一是建立以项目库为支撑的顶层设计方案。首先，高起点、高标准、科学地编制总体规划。明确园区定位，有条件的县区可以与科研院所等机构合作编制园区发展建设专项规划，高起点规划、高标准建设农业科技园区以及创新创业平台，并将相关园区纳入县城总体规划统一管理，创新驱动农业农村现代化。其次，引入其他园区、高等学校、科研院所，加快发展"互联网+"园区综合体系,引进新型农村发展研究院等各类创新平台在园区内开展应用示范。提升园区知识产权代理、交易、咨询、评估等服务水平。

二是培育市场化园区运营主体。高水平、市场化地打造园区建设运营主体。通过注入资金、资源,建设现代化公司运营管理制度,明确公司建设管理运营职责等方式做优做强园区建设运营主体,打造市场化运作企业,确保利用金融产品融资建设园区的过程中不新增政府隐性债务。园区创建过程中需加强主导农业产业和业态的集聚效应,尤其要加大资源整合力度,特别是土地配套政策、金融贷款政策和社会投资政策,加强园区科教资源和创新型企业的集聚力度。

三是加快应用现代科技与物质装备。运用智能温室、钢架大棚、喷滴灌等先进设施,提高园区特色产业发展水平。引进、集成和推广国内外先进农业科技成果,引领本地现代农业发展。开发和引进新品种、新技术、新模式,开展农民技术培训,提高科技创新与推广应用能力。建立与产业发展相适应的种子种苗中心。

四是构建园区产业服务体系。结合本地实际,突出地方特色,对现代农业示范园建设进行规划指导、业务支持和资源整合。培育园区技术服务、农资供应、病虫害防治、农机作业等服务组织,提高服务水平,促进产业发展。对入园企业、合作经济组织等提供指导服务。

五是利用好现行相关政策。《国家农业科技园区发展规划(2018—2025年)》提出,通过技术创新引导专项(基金)、"三区"人才支持计划、科技人员专项计划等,支持园区开展农业科技成果转化示范、创新创业。鼓励国家重点研发计划农业领域项目优先在园区研发试验、科技示范。探索制定园区土地、税收、金融以及鼓励科技人员创新创业的专项政策,赋予更大的改革试验权。《国家农业科技园区管理办法》对园区申报与审核提出了具体要求。

（三）整合财政、金融、社会资本力量，开源引资提供保障

多领域、多渠道的资金支持与科技创新相结合既是加快创新驱动发展战略进程的内在要求，又是推进"三农"和实体经济高质量发展的必然途径。充分利用财政系统、金融系统、社会资本，推动科技创新与乡村振兴相结合，加快全面农业机械化布局，打通"科技—投融资—产业"的合作通道。

一是整合财政涉农资金。归口好相关口径的现代农业发展资金，建立涉农资金整合协调机构，健全涉农资金投入机制，统筹各类专项补助资金。充分发挥财政资金的引导和撬动作用。目前来看，涉及现代农业发展、可用于农业科技化的财政资金主要包括以下类别：

表1　农业科技创新领域可整合的财政涉农资金

序号	级别	财政涉农资金	相关文件
1	中央	中央财政衔接推进乡村振兴补助资金	财农〔2021〕19号
2		专项彩票公益金支持欠发达革命老区乡村振兴项目资金	财农〔2021〕50号
3		农业生产发展资金	财农〔2017〕41号
4		新增建设用地有偿使用费安排的高标准农田建设土地整治资金	国土资函〔2017〕63号
5		产粮（油）大县奖励资金	财建〔2018〕413号
6		服务业发展专项资金（支持新农村现代流通网络工程）	财建〔2015〕256号
7		中央财政农民专业合作组织发展资金	财农〔2013〕156号
8		农业机械化补贴资金	农办机〔2021〕5号

续表

序号	级别	财政涉农资金	相关文件
9	省级	省级发展资金（现代农业发展专项、农田建设专项、科学普及专项、交通运输发展专项、粮油千亿产业专项、现代服务业发展专项、人才发展专项）	—
10	省级	发展农民合作社资金	湘政发〔2013〕34号
11		高标准农田建设资金	湘政办发〔2016〕35号
12		农村综合改革转移支付	湘财农〔2019〕55号

二是引导社会资本合作参与。全面实施乡村振兴战略的深度、广度、难度都不亚于脱贫攻坚，必须加强顶层设计，以更有力的举措、汇聚更强大的力量来推进。农业农村部办公厅、国家乡村振兴局综合司联合印发的《社会资本投资农业农村指引（2022年）》指出，社会资本是全面推进乡村振兴的重要支撑力量，需要加大政策引导撬动力度，扩大农业农村有效投资。应引导好、保护好、发挥好社会资本投资农业农村的积极性、主动性，切实发挥社会资本投资农业农村、服务乡村全面振兴的作用。在构建现代农业产业体系、生产体系和经营体系中，社会资本主要的引导投向包括以下领域：

表2　社会资本参与农业科技创新领域支持政策

序号	领域	支持内容
1	现代种养业	支持社会资本发展规模化、标准化、品牌化和绿色化种养业，推动品种培优、品质提升、品牌打造和标准化生产，助力提升粮食和重要农产品供给保障能力
2	现代种业	鼓励社会资本投资创新型种业企业，推进科企深度融合，支持种业龙头企业健全商业化育种体系，提升商业化育种创新能力，提升我国种业国际竞争力

续表

序号	领域	支持内容
3	乡村富民产业	鼓励社会资本开发特色农业农村资源，积极参与建设现代农业产业园、优势特色产业集群、农业产业强镇、渔港经济区，发展特色农产品优势区，发展绿色农产品、有机农产品和地理标志农产品
4	农产品加工流通业	鼓励社会资本参与粮食主产区和特色农产品优势区发展农产品加工业，提升行业机械化、标准化水平
5	乡村新型服务业	鼓励社会资本发展休闲观光、乡村民宿、创意农业、农事体验、农耕文化、农村康养等产业，做精做优乡村休闲旅游业
6	农业农村绿色发展	鼓励社会资本积极参与建设国家农业绿色发展先行区。支持参与绿色种养循环农业试点、畜禽粪污资源化利用、秸秆综合利用、农膜农药包装物回收行动、病死畜禽无害化处理、废弃渔网具回收再利用，加大对收储运和处理体系等方面的投入力度
7	农业科技创新	鼓励社会资本创办农业科技创新型企业，参与农业关键核心技术攻关，开展全产业链协同攻关。开展生物育种、高端智能和丘陵山区农机、渔业装备、绿色投入品、环保渔具和玻璃钢等新材料渔船等的研发创新、成果转化与技术服务
8	农业农村人才培养	支持社会资本参与农业生产经营人才、农村二三产业发展人才、乡村公共服务人才、乡村治理人才、农业农村科技人才、乡村基础设施建设和管护人才等的培养
9	农业农村基础设施建设	支持社会资本参与高标准农田建设、中低产田建设、耕地地力提升、盐碱地开发利用、农田水利建设、农村产业路、资源路、旅游路建设
10	数字乡村和智慧农业建设	鼓励社会资本参与建设数字乡村和智慧农业，推进农业遥感、物联网、5G、人工智能、区块链等应用，推动新一代信息技术与农业生产经营、质量安全管控深度融合，提高农业生产智能化、经营网络化水平。鼓励参与农业农村大数据建设
11	农村创业创新	鼓励社会资本投资建设返乡入乡创业园、农村创业创新园区和农村孵化实训基地等平台载体，加强各类平台载体的基础设施、服务体系建设，推动产学研用合作，激发农村创业创新活力

三是发挥好金融引流作用。中国人民银行等下发了《关于金融服务乡村振兴的指导意见》，提出鼓励开发性、政策性金融机构在业务范围内为乡村振兴提供中长期信贷支持，加大商业银行对乡村振兴支持力度，发挥债券、期货、农业保险等工具和产品对乡村振兴的支撑作用。国家开发银行等各金融机构据此制定推出了相关支持政策。在农村农业科技领域，科技部和中国农业银行下发了《关于加强现代农业科技金融服务创新支撑乡村振兴战略实施的意见》，明确对种业创新、智能农机、农业信息化、畜禽健康养殖、现代食品加工、生物质能源等领域提供差异化的支持政策。

（四）提升"一县一特"科技创新及成果转化支撑

2018年，湖南省政府推出农业"百千万"工程，经县级申报、反复论证后形成了一个县或一个片区重点扶持一个主导特色产业的思路，即"一县一特"，成为县域特色产业发展的重点和抓手，以科技创新及成果转化推动"一县一特"工作可从以下方面入手：

一是整合科研院校等多方技术资源，建立现代农业产业技术体系。特色农业产业技术是核心，而科技创新通常由科研院校所主导，整合资源对建设特色产业技术体系十分必要。二是选育新品种，加强示范推广。品种选育是现代产业技术体系的基础，涵盖了水果、食用菌、水稻、生猪、家禽等所有农业产业，应制定试验、选育、引进、审定新品种的具体目标，适时予以示范推广。三是攻关新技术，解决普遍性难题。科学技术是第一生产力，攻关农业科学新技术是推动粗放型农业向集约型、精细化农业转变的重要手段。在推进现代农业产业技术体系的建设中，应始终注重新技术的研究攻关，并兼顾线上和现场技术服务。四是集成单项技术成果，推动产业集约发展。将一些相对独立的单个领域的理论研究成果、单项技术成果集成起来，并运用于农业生产，是现代农业体系的重要特征。以种植业为例，应集成母本园建设、嫁接苗繁育、扦插苗繁育、出圃种苗检测等技术，制定特色苗木瓜果业的育苗技术规范；集成大苗种植、合理密植、施足基肥、覆盖防草膜、病虫害绿色防控等技术，制定栽培技术规范。

（五）利用好远程教育及线下平台，打造支撑乡村振兴的知识型产业从业者集群

乡村要振兴，关键靠人才，而且不能光靠乡村现有的人才，还要源源不断地培育人才、吸引人才。

一是要建渠道育人才，乡村振兴战略的实施实际上也给了高等教育以实践天地，给了乡村振兴以智力支撑。地方政府搭建与科研院所的人才培训渠道，密切两者合作。鼓励高校科研、人才资源向基层下沉，到农业一线来为农业从业者授课，开展座谈交流，推进产教融合。比如引导高校调动各类科技人员参与农业科技创新、农业技术推广服务的积极性。同时，鼓励学生走入乡村，植根乡土。

二是运用现今流行的短视频、微信及省部级公益农业科技传播平台，开展"线上农业学习"，向农业从业者传播农业知识、解答涉农政策、破解科技种养难题、开拓农民科技视野，服务广大农业从业者，提高农业科技化、现代化水平，积极助力乡村振兴。农业农村部每年均出台了利用农业远程教育平台开展农业科技人员知识更新培训的政策及文件，应组织落实到位。邀请农业各领域专家学者开展线上农业技术的培训活动，推动现有从业人员的成长。

（六）加大与科研院所的衔接力度，为乡村振兴提供智力保障

农业科研机构作为农业科学试验的重要支撑平台，具备科技引领及示范作用。乡村振兴工作中，既需要农业科研机构充分结合自身的实际情况与需求向农村区域聚集，又需要地方政府建立农业特色资源"资料库"，提升农业科研机构发挥智力优势助力乡村振兴工作的效率。

一是助力科研院所机构搭建科技平台。助力科研院所有效整合优质学术资源，构建服务于乡村产业发展的学术交流平台。紧紧围绕特色农业、体验农业、智慧农业、休闲农业等产业，丰富农业科技课题研究，推动农村产业化体系的构建。充分发挥农业科研机构的科技优势，使用高新技术建设科技信息服务站，为高质量农产品生产提供相应的技术支持。此外，还应引导科研机构促进科普力量向乡村转移，推动乡村科普载体的充分发展。构建与科研人员保持紧密联系的平台，为乡村振兴提供人才资源。

二是强化科研院所与基层农业技术服务机构交流融合。强化科研院所与地方有效衔接，组织更加高效的农业产业技术服务团队，充分发挥新农村服务基地、农业试验站以及农业产业创新中心等相关平台的作用。引导科研院所在农村构建创业孵化器、众创空间以及科技园。推动校企之间的有效整合，企业和地方职业院校、高校进行交流合作，全面推动农业向专业化、商品化以及现代化发展。强化基层科研机构的构建，培育基层的农业科技服务组织，开展创业与就业培训，全面提升农民的技能。

三是建立农业特色资源"资料库"，提升科研院所服务乡村振兴效率。科研院所具备较强的科研能力，但实验产品落地需要合适的自然资源。地方政府应对辖区内的自然资源登记造册，向科研院所提供"资料库"，助推相关科研产品精准落地，形成地方特色产业。

（七）多措并举畅通技术转化渠道，引入科技创新"活水"

科技创新是乡村振兴的源头活水，而将技术转化为生产力则是引水之渠。科技部《创新驱动乡村振兴发展专项规划（2018—2022年）》提出，推动农业科技资源开放共享服务平台建设，推进农业农村领域科技创新创业人才培养，建设乡村绿色技术转移平台，提升科技成果转化效率。据此，相关部委陆续出台了《国家科技资源共享服务平台管理办法》《关于加强农业科技社会化服务体系建设的若干意见》，对推动科技创新成果转化、提升农业农村科技水平作出了重要指示。

表3　农业科技创新成果转化支持政策

序号	文件	主要内容
1	《关于加强农业科技社会化服务体系建设的若干意见》	1.加强农技推广机构能力建设；2.提升基层农技推广机构服务水平；3.创新农技推广机构管理机制；4.充分释放高校和科研院所农业科技服务动能；5.鼓励高校和科研院所创新农业科技服务方式；6.提升供销合作社科技服务能力；7.引导和支持企业开展农业科技服务；8.提升农民合作社、家庭农场及社会组织科技服务能力；9.加强科技服务县域统筹；10.深入推行科技特派员制度；11.加强科技服务载体和平台建设；12.提升农业科技服务信息化水平；13.提高科技创新供给能力；14.加大多元化资金支持力度；15.加强科技服务人才队伍建设；16.加强组织领导
2	《国家科技资源共享服务平台管理办法》	1.围绕国家战略需求持续开展重要科技资源的收集、整理、保存工作；2.承接科技计划项目实施所形成的的科技资源的汇交、整理和保存任务；3.开展科技资源的社会共享，面向各类科技创新活动提供公共服务，开展科学普及，根据创新需求整合资源开展定制服务；4.建设和维护在线服务系统，开展科技资源管理与共享服务应用技术研究；5.开展资源国际交流合作，参加相关国际学术组织，维护国家利益与安全

续表

序号	文件	主要内容
3	《关于做好2020年基层农技推广体系改革与建设任务实施工作的通知》	主要精神：构建适应新时代发展要求的多元互补、高效协同的农技推广体系，为新型农业经营主体和小农户提供全程化、精准化和个性化的指导服务。1.提升基层农技推广机构服务能力。2.引导科研院校开展农技服务，支持鼓励农业科研院校发挥人才、成果、平台等优势承担相关任务，开展农技人员培训、建设试验示范基地，加快科技成果转化落地。放大院（校）地共建、科技驿站等创新模式作用效果。3.壮大社会化农技服务力量，引导支持企业、合作社、专业服务组织等开展农技服务
4	《关于开展全国农业科技现代化先行县共建工作的通知》	1.开展科技短板攻关，解决一批技术难题。针对先行县的产业需求和技术难点，开展联合攻关和系统集成组装，解决一批制约农业生产、竞争力提升的关键共性技术难题。2.联合地方各级部门，建成一批技术服务平台。共建一批科研院校分支机构、联合创新中心、成果转化中心、产学研联盟和产业孵化器等服务平台，将专家团队的科技成果向县域汇聚，提高先进实用技术在先行县的覆盖面、到位率。3.加强政产学研联合协作，扶持一批新型经营主体。确定重点扶持的新型经营主体，组织相应的专家团队、涉农科技型企业与其建立稳定对接机制，支持发展生态农业、定制农业、创意农业、康养农业、休闲农业和农村电商等新兴业态

三、县域乡村振兴工作中科技创新及成果转化的相关案例

（一）农业生产科学化

1. 全流程农业生产机械化建设

天津市武清区雨成农机专业合作社通过推广全程机械化服务，从名不见经传的农机服务主体成长为年产值近亿元的农业生产经营市场主体。合作社通过组合各种不同性能的农机具，进行技术模式创新，将水稻秸秆在稻田中一次性收集打捆，再运至储运场进行二次粉碎打捆加工，以便于进行远距离运输。连续几年引进新技术机具，使合作社服务链进一步延伸至秸秆综合利用等领域。二次加工的秸秆远销至江苏、河北、内蒙古等地，取得良好的经济效益和社会效益。

2. 信息化融合农业机械化建设

河北省赵县光辉农业机械服务专业合作社积极推进农机农艺融合，全力打造"两张图、一车间、一台机"，实现了农机精准变量施肥。一张"长势图"：依托国家农业智能装备工程技术研究中心专家团队，运用无人机搭载多光谱传感器，航拍小麦长势，获取小麦长势图，运用遥感分析技术进行数据处理。一张"处方图"：运用赵县农技中心土肥站测土配方技术，分析不同地块、不同区域对肥料需求的差异，根据作物产量目标，使用计算机生成不同地块和不同区域的变量施肥处方图。"一车间"：建设智能配肥车间，使用智能配肥机实现肥料按需定制。"一台机"：集成 GPS 测速技术、电机控制技术、传感器监测技术和 GPRS（通用分组无线服务）技术，打造高效精准施肥作业机。合作社购买了一台 TPJ28 智能精准配肥机，对每块土地"对症下药"，既能提供足够的养分，又不造成浪费，还能对原材料进行"追根溯源"，实行一户一码，手机一扫，肥料相关信息全知道。目前合作社每季配肥大约 800 吨，满足了周边种粮大户 2 万多亩地的肥料需求。

3. "全程机械化＋综合农事"建设

湖北省黄冈市黄州区金明农业机械服务专业合作社以物联网等现代信息化技术为依托，整合利用物联网、大数据信息以及市场人脉资源，推进多种服务模块化。以"综合农事服务"咨询网点为市场触角，及时获取市场信息，精准对接，快速"下单"，服务模块及时"响应"，快速占领市场需求高地。一是前置"综合农事服务"网络模块。"有需求，才有发展，怎样快速获取市场需求信息，成为当前合作社发展的头等大事。"2019年，合作社投资 30 余万元建设农机作业合作社"全程机械化＋综合农事"咨询服务中心 1 个。合作社利用自身的人才、资源优势，与全镇各村组及区外几县构建起多个"全程机械化＋综合农事"立体式咨询服务网点，每个网点都有固定的服务对象，年服务总面积达5万亩，全程托管面积在5000亩以上。咨询网点实行线上线下立体互动，实现区内区外全天候信息互通全覆盖。二是优化整合服务体系。合作社以"全程机械化作业＋综合农事服务"为主导，一方面加快青贮饲料产供销和农机田间综合服务、农机技术培训、农机保养维修服务体系建设，建成"信息咨询""青贮供销""田间服务""技术培训""维修保养"五大服务板块，实现多样化服务资源整合。三是完善维修设施。合作社建有农机维修点两处，一处是以联营方式建在主城镇主干道的农机、汽车维修服务点，一处设在合作社机库棚区，两处均对外承接农机维修服务。

4."五统一"创新发展合作社

2016年起，湖南省岳阳县丰瑞农机专业合作社大力推广"五统一"种植模式，通过为订单基地统一供种、统一供肥、统一全程机械化、统一回收、统一营销等方式，组织优质粮订单生产，扩大了农机服务面。合作社积极与周边县、乡镇种田大户联系，与平江县伍市镇、屈原农场五分厂、筻口镇沙南新村等35个种田大户签订了长期合同。加强与周边未流转土地的村委会的沟通，宣传机械化的优势和发展方向，先后与乡镇各村村委会、农户签订了2330亩的三方合同，扩大稳固农机服务市场。

（二）农业农村智慧化

1. 农产品全产业链大数据建设

北京精禾大数据科技有限公司通过布置多源传感器，利用大数据处理技术对一定周期内收集到的农业生产数据进行处理，进而与现有数据库中同类别动植物生产模型进行对比，判断生长不良的原因，进而指导农业生产。相关生产指导可以精确到施肥的具体日期、施肥的种类、施肥的重量，农产品最佳播种和收获时间，农户依照方案执行即可。

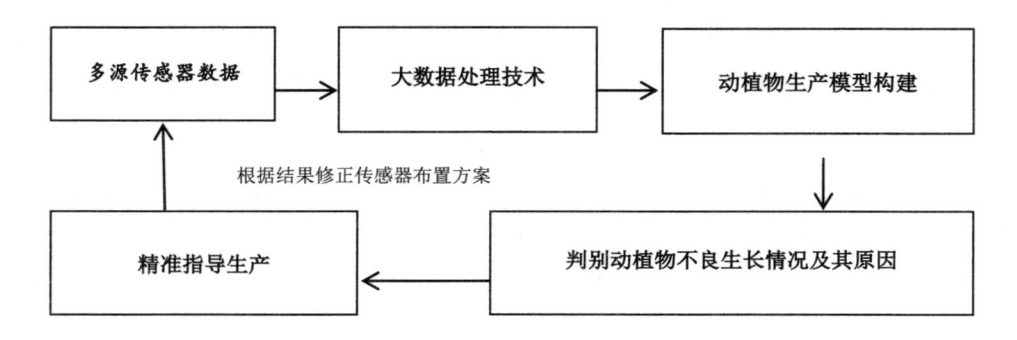

```
┌──────────────┐    ┌──────────────┐    ┌──────────────────┐
│ 多源传感器数据 │──→ │ 大数据处理技术 │──→ │ 动植物生产模型构建 │
└──────────────┘    └──────────────┘    └──────────────────┘
        ↑                                        │
        │ 根据结果修正传感器布置方案                │
        │                                        ↓
┌──────────────┐    ┌──────────────────────────────────┐
│ 精准指导生产   │ ←── │ 判别动植物不良生长情况及其原因      │
└──────────────┘    └──────────────────────────────────┘
```

农业生产数据大数据处理示意图

2. 农产品质量安全溯源

（1）宁夏西部电子商务股份有限公司农产品质量溯源服务平台。该公司产品被列入了农业农村部大数据实践案例，通过集成自动传感、GPS、无线通信技术和数据采集终端设备，实时远程获取从生产到加工再流动到商超全环节的数据信息，通过共享农产品质量安全监测检验数据，实现"从农田到餐桌"的全程可追溯信息化管理。为政府部门提供认证评估和决策的信息支持，为消费者提供权威的、实时的农产品质量安全信息，同时提高企业的生产管理效率和品牌竞争力，创建了质量可监控、过程可追溯，政府可监管，政府、企业和消费者三方共赢的模式。

（2）闵行区实施对农产品质量"看得见"的数字化监管。上海市闵行区农业信息管理系统将全区106家规模化生产经营主体全数纳入系统进行数字化监管。一是完善农产品"身份证"，以带证上网、带码上线、带标上市的"合格证+追溯码"方式实现农产品追溯；二是开展农业可视化管理，提升农业智能化水平，按季度发布区主要农产品生产指数报告，安装质量监管"千里眼"；三是构建数字云管理底板，完善政策制度、建立专职队伍、构建四方联动机制，打造"1+3"监管模式，确保农产品质量安全。

3. 智慧农林牧场应用

（1）山东省乐陵市与山东省农科院合作，建设智慧林场。一是从育种着手，合作成立金丝小枣产业技术研究院；二是建设智能化种植基地，包括育苗精细化种植系统、农机智能调度管理系统、水肥一体化智能灌溉系统、智能专家诊断系统、农资信息管理系统、农情信息发布系统，最后集合成智慧农场APP，操作者实现便捷管理；三是以农业科技园区为抓手，形成"科技平台+示范基地+科技企业+电子商务"的完整产业链条。

（2）天津市在已建成的部分物联网试点农场基础上，联合科研院所，参与国家相关课题，以按需、适时、经济、有效为目标，开展水稻等种植物智慧农场攻关，显著提高水、肥等农业资源利用效率，通过智慧化管理和精准决策，为农户建设家庭智慧农场提供技术支撑，通过实验推广，逐步形成"研究开发—区域实验—大面积示范—产业化"的良性循环。

4. 对接遥感卫星等天基配套应用设施建设

江苏盐城市阜宁县以农业综合服务平台为载体，建设县级卫星遥感大数据平台。平台集合了遥感、GIS（地理信息系统）、物联网、深度学习、大数据等信息技术，成为服务当地特色农业产业的综合性平台。一是政府购买相关服务，与北京佳格天地科技有限公司共同打造基于卫星天基设施的信息基础平台；二是建立信息收集更新机制，成立数据收集服务中心，遥感类应用数据每八天更新一次，农业气象数据每天更新一次，物联网数据每小时更新一次；三是应用平台数据"挂图"作战，指导农业生产、加工、销售。平台集合了农业资源、生产、市场、管理、气象灾害预测等多维数据，真正实现数据可视化。

5. 农村产权交易平台建设

陕西西安市高陵区为加快农村产权流动，推动农业发展，成立了农村产权交易中心。2018年，该区部分行政村借助农村集体经营性建设用地改革政策，在区农村产权交易平台出让，获得了数百万元村级财务资金。在试点成功的基础上，西安市目前已经建成了市、区县、镇街、村四级农村产权流转交易服务体系，对接各国产权交易信息平台与市场，打通资源、资产流动渠道。

6. 农村管理服务信息化

（1）江苏省打造农业农村大数据云平台，建设数据库72个，数据项21亿条，形成了覆盖种植业、畜牧业、渔业等35类60多个行业业务系统，耕地质量管理信息系统在全国得到推广应用。结合5G、区块链等技术，依托信息进村入户工程，与电信、铁塔、银行、有线、邮政等省级公司建立合作关系。在村级益农信息社基础上建设"互联网＋乡村综合服务网络"，提升便民服务水平，强化电子政务服务水平。

（2）天津市成立数字乡村产业联盟，以数字乡村手机软件为载体，发布涉农政策，公布农户基本情况、耕地信息、垃圾污水等人居环境治理情况以及村民矛盾解决情况，形成智慧乡村大数据管理系统。

（三）农业经营体系现代化

1. 畅通现代种业推广应用渠道

（1）湖北应城科学引种，发展糯稻产业。应城地理气候条件适宜糯稻种植，有着种植糯稻的悠久历史和传统习惯，但应城种植的糯稻品种不一，最多的时候有50多个品种，品质难以保障。应城整合产业资源平台，与农科院所合作，建设农业科技试验示范基地，引入数十个品种，从适应性、品质、抗性、产量等多方面不断筛选淘汰，留下精选品种后，组织种粮大户到农场观摩、培训，根据水稻长势看禾选种。

（2）甘肃省创新制种基地建设模式。甘肃省坚持政府主导、企业主体两手并用，发挥奖励资金杠杆作用，鼓励制种大县建立以奖励资金补助为导向，种子企业和社会资本广泛参与的投入机制，扶持优势种子企业连片流转土地建基地，龙头企业带动制种合作社、制种合作社带动农户建基地的利益共享机制，形成了"公司＋合作社＋制种农户＋基地""公司＋制种大户＋基地""公司＋制种农户＋基地""公司＋基地"等运营模式，推动龙头企业与优势基地结合，走出一条做优育种基地、做强育种企业的发展道路。

2. 构建以人才为核心的农业农村科技成果转化应用经营体系。河北保定市以人才为引领，借力产、学、研、用创新平台，用科技助力农业现代化。一是联合中国农业大学、中国农业科学院、北京市农林科学院、天津市农业科学院以及相关龙头企业建立现代农业协同创新联合体，组建专家团队，对保定市重点产业县、乡从人文、经济、环境、资源、发展战略等方面进行多维度调研，制订科技成果转化方案。二是以专家团队成员为核心，在县域范围内选派农业科技人员，组建常备工作组，对形成共识的拟发展特色产业，根据科技成果转化方案开展工作，培训农民指导入户。三是有针对性地从转化方案实行到位、产业成果逐步显现的村中，选取新型农民协助科技人员开展工作，并定期组织其到相关机构进行培训，将其作为农业新技术引进、示范、推广的中坚力量进行培养。

3. 构建"互联网＋"农产品的销售网络。河南夏邑县深耕电商沃土，大力帮扶电商产业发展和转型，打造县域经济新增长极。目前全县建成"中国淘宝村"4个、"中国淘宝乡镇"8个。一是出台一系列政策意见，积极推行"电商＋产业园＋农户"的园区引领型模式、"电商＋扶贫车间＋困难户"的特色扶贫模式、"电商＋村级服务站＋农户"的大众推广型模式，通过电商渠道，服务县域特色产业，打造特色农业经营销售体系。二是通过互联网的推广力量和销售渠道，打造"夏邑西瓜""夏邑种鸭""栗城农珍"等区域公共品牌,并通过整合淘宝、京东等现有服务站资源,建成村级电商服务站400余个。

4.农产品现代化流通设施建设

(1)吉林大安市探索建立资源整合共享机制,推动物流配送提质增效。一是构建了以县物流仓储配送中心、乡镇配送中转站、村屯物流服务点为骨干的县、乡、村三级物流配送体系,实现了市有仓储中心、乡镇有中转库、村屯有配送点,物流快递服务全覆盖。二是推动本土的市龙头企业整合京东、顺丰、德邦等数十家民营快递公司以及中国邮政、供销部门的运力,开通城乡物流配送专线,实行"公交化"配送,有效降低了农村物流成本。三是整合农村的供销超市、农村电商站点、物流配送站、邮政快递点、农村信息金融服务点、客运服务点的功能,形成"六站融合、一站多能"的"电商供销社",配合互联网销售体系,形成农产品出村的有效网络。

(2)安徽桐城市推进农产品流通现代化,实现农村电商和产销对接。桐城市以农村电商为主攻方向,大力推进农产品流通现代化。一是加强政策支持,先后印发《加快电子商务发展的实施意见》《促进电子商务发展若干政策意见》《电子商务进农村实施办法》等文件;二是引进第三方公司构建公共服务中心调度平台,统筹物流系统的建设调度;三是培育本土物流企业,构建市、镇、村三级物流体系,市自主培育的物流企业与12家物流快递企业合作共建、资源共享,开通11条配送主干线,建成配送及仓储中心2000平方米,冷藏库容50吨,配套建设县域物流中心2个,设立15个镇级物流分拣中心、196个村级电商服务站,形成冷链物流配送体系,为农产品出村进城一路保鲜。

（四）推动农业农村领域科技创新及成果转化的国际经验

1. 立法保障农业科技服务机制

（1）美国对农业科技服务推广立法。从农业合作推广服务体系入手，以三步立法的形式，保障农业合作推广服务体系：一是1862年《莫里尔法案》确立了美国农业教育方针；二是1887年《哈奇法案》确立了农业研究方针，推动美国农业和现代科学相结合；三是1914年《史密斯－利弗法案》构建起一个集农业教学、科研和推广"三位一体"的体系，把农业科学研究同教育与生产相结合。通过这三部法律，构建了美国教育、科研和推广三位一体的科技服务推广体系。

（2）日本对农业科技服务农业农村立法。日本政府历来重视农业科技的创新发展以及成果运用。1926年，农林省成立了经济更生部，负责指导农户和农场。1948年制定《农业改良助长法》，奠定了日本农业科技创新和成果推广、体制改革的体系；2005年颁布实施了新的《农业改良助长法》，日本农业科技创新和推广事业进入一个新的发展时期。

2. 推动农业科技投资主体多元化

（1）美国主要有三个途径可获取农业科技创新及成果推广经费：联邦政府预算拨款、州政府预算拨款以及私人企业自筹。联邦政府通过四种方式对农业科技创新及成果推广进行资金投入：一是直接投入农业部研究机构、农业研究局等；二是向各州拨款；三是通过竞争项目为小型独立项目和国家研究计划拨款；四是特别项目拨款。此外，美国州政府负责对州农业实验站进行预算拨款。而农业科教的私人投资主要集中在能直接应用于具有市场、潜力生产和高额利润的开发性研究。

（2）日本的农业科技创新及成果推广的投资特点。日本农业能够从传统农业发展到高度现代化农业，最主要的原因是政府采取了有力的宏观政策，扶持和推动农业产业化发展。在宏观政策中，建立资金长效投入机制，加大对农业的扶持，促进农业产业化的发展。21世纪初，日本政府每年安排约占国内农业生产总值的7%作为农业科技创新及成果推广经费。同时，日本大力推广民间农业科研自律组织——农协，农协经费来源多样化：很小一部分直接来自入会农户缴纳的会费，一部分来自农业产、供、销的收入提成，另外一部分来自企业和社会的捐赠和投资。由此，日本形成了"政府＋社会＋企业＋农户"多渠道筹措经费的格局。

3. 对农业农村现代化中牵头主体的管理机制

（1）美国建立三位一体的科技创新成果推广机制。美国农业教育、科研和推广由州立大学统管。具体分工：联邦政府农业部内设合作推广局，负责管理、协调全国农业推广工作；州立大学农学院设立农业推广站，具体负责推广工作；设立县农业推广办公室，作为州科技推广站的派出机构，推广人员由州推广站雇佣。这种三位一体的科技创新推广模式以大学为纽带，保证了美国各州的农业科技服务活动自成一体，同时促使大学教授的专业素质得到全面发展，保证了工作人员的素质和水平，从而提高农业科技成果的转化效率。

（2）日本推行政府为主导、农协为辅的农业科技创新及成果推广模式。日本实行的是政府与农协双轨并行的农业科技推广模式，共同出资，并各自独立。政府负责的农业推广体系由四级构成：都府道级农林水产部、中央级的农林水产省、县级农政部或农业技术课、县以下的地域农业改良普及中心。民间层面的农业科技创新及成果推广组织是农协。作为民间组织，农协在农村信贷、生产资料、销售、农产品加工等方面，为农民提供多项服务。日本农业科技达到世界先进水平与政府采取的双轨农业推广模式密不可分。

4. 对农业教育的重视

（1）美国采用多种农业教育模式提高农民素质，培养农业人才。一是提供正规农业教育与非正规教育结合的教育方式；二是农技推广和研究人员深入基层，开展短期培训班，通过灵活多样的教育形式开展人才培训工作。

（2）日本建立完善的农业教育体系。除了设立52所有农学部的大学、434所农业职业学校外，还建立了完善的科技推广人员机制，制定完善农业推广人员职业准入规则与发展计划，实行严格的考试录用制招聘农业技术推广人员。

第三篇

"要致富 先修路"

谈乡村基础设施建设和资金保障

加强基础设施建设
夯实乡村振兴基础

乡村振兴是我国在新时代提出的一项重大国家战略。农村基础设施是为农村各项事业的发展及农民生活的改善提供公共产品和公共服务的各种设施的总称，是影响和制约农村社会发展的关键因素，也是乡村振兴战略实施过程中必须要解决的一个重大问题。当前，经过"十三五"和脱贫攻坚的重点建设，我国的农村基础设施，特别是中西部地区的农村基础设施状况得到了很大的改善，但仍然存在一些问题，制约着我国农村地区经济社会的发展，特别是影响农村生产生活条件改善、农民增收和农村消费潜力释放。因此，加强农村基础设施建设，以适应农村经济社会发展的现实需求，推进脱贫攻坚与乡村振兴的有效衔接，是地方政府尤其是基层政府需要深入思考和解决的问题。

一、农村基础设施的分类

（一）按功能定位分类

农村基础设施涉及的范围很广，根据其功能定位的不同，可以将农村基础设施分为四大类：

一是农业生产基础设施。这类基础设施为农业生产服务，是为农村增加物质资本、提高生产力服务的。主要包括防洪排涝设施、水利灌溉设施、机耕道、气象设施、智慧农业设施等。二是农村生活基础设施，这类基础设施为农民生活服务，是提高农民生活便利性，改善居住环境和生活条件的基础设施，主要包括农村道路、农村电网、农村饮水、垃圾处理、污水处理、供热燃气设施等。三是农村人文基础设施，为提高农民身体素质和文化素质，改善农村居民文化生活服务。如农村学校、村卫生室、文化娱乐设施、村综合服务平台等。四是流通性基础设施，这类基础设施主要为农产人员和农产品的流通服务，主要包括农村道路、农村通信、农产品仓储、农村冷链物流设施等。

（二）按经济特性分类

按经济特性分类，农村基础设施可以分为公益性基础设施、半公益性基础设施和经营性基础设施。

公益性基础设施主要指因为项目投资无法收回，项目基本无经济收益，不能产生或只能产生很少的项目现金流的农村基础设施，包括农村学校、农村道路、农田水利、气象设施、农村综合服务平台等。这类设施对社会资本的吸引力小，基本要靠各级财政资金投入，即使采用PPP（政府与社会资本合作）模式或政府购买服务模式建设，最终的资金来源仍是财政资金。半公益性基础设施是指项目有一定的收益,能够产生一定的现金流,通过项目自身收益能够收回项目一部分,甚至是大部分投资的农村基础设施建设项目。这些项目包括农村供水、农村污水处理、农村垃圾处理以及部分农村文化娱乐项目等。这类项目对社会资本有一定的吸引力,但需要政府出台相关配套政策,明确财政补贴方式。因此这类项目一般由社会资本和政府共同投资建设,或由政府单独建设。经营性基础设施是指有较好的收益(具体项目的经济效益要视情况而定),能够产生足够的现金流,通过项目自身收益就能收回投资的农村基础设施项目。这些项目包括智慧农业设施、农村电网、农村供气、农村幼儿园、乡村旅游、农产品冷链物流等。这类项目社会资本投资的意愿较大,可通过招商引资的方式吸引社会资本投资建设,但也可由政府投融资公司投资建设。

二、当前存在的问题

(一)公益性基础设施建设现状及存在的问题

公益性基础设施项目在目前的政策下(严格管控政府隐性债务),基本不能申请贷款,只能由财政资金投入,或者由社会力量捐赠资金建设。目前,公益性基础设施的建设存在如下问题:

一是投融资渠道狭窄,资金保障不足。公益性基础设施的建设资金来源主要是国家补助和地方财政资金,大部分的管理权限在上级部门。随着农村各项事业的发展,公益性农村基础设施建设资金短缺的压力也越来越大。农民对这类项目投入的积极性不高,几乎没什么投入。部分乡镇、村的历史包袱也很沉重,无力筹措建设资金。

二是农村规划编制滞后，基础设施建设无序。一些地方的县领导和乡镇干部对规划编制认识不到位，对规划管理工作不够重视，村镇规划编制经费得不到落实，主体责任不明确，导致村镇规划编制和规划管理工作滞后。同时，农村规划建设管理机构不健全，人员不到位，村镇规划编制、建设与管理处于无组织状态，村镇建设盲目性和随意性较大，编制的村镇规划不能得到有效严格的实施。村镇规划管理人员执法难，大部分村镇管理人员无执法权，对农村建设中出现的违法行为无法及时处置。

三是农村基础设施的管理有待加强。参与管理的部门很多，统筹协调不够。涉及的部门有发改委、住建、水利、农业农村、林业和国土等部门，各部门的职责交叉重叠，投资建设过程中缺乏综合协调，导致建设资金难以整合并发挥最大效益。同时，农村基础设施的管护机制也不完善，一部分基础设施建成后出现了"重建设、轻管理""有人建、无人管"等问题，导致难以发挥应有的作用。这种现象在农田水利设施上尤其突出，一些农田水利设施建成后由于得不到有效管护，导致无法正常使用，造成建设资金的浪费。

（二）半公益性基础设施建设现状及存在的问题

农村半公益性基础设施项目在政府提供一定补贴或政府投资建设一部分配套基础设施的前提下，是可能收回投资甚至盈利的，因而对社会资本有一定的吸引力，但需要政府出台相关配套政策，明确财政补贴方式或政府拟配套建设的基础设施。这类项目可以在政府提供配套政策的前提下由社会资本建设，也可以由政府投融资主体建设，或者以政府与社会资本合作的方式建设。投入的资金一般包括各级财政资金、银行贷款，以及社会资本方投入的资金。

调研发现，半公益性基础设施的建设融资存在如下问题，制约了相关社会资本投资的积极性：

一是项目启动前的基础条件不清晰。例如部分乡村污水、垃圾处理项目基础工作不扎实，没有摸清当地实际需求的处理量和处理标准，政府对社会资本提出的建设要求超出了实际需要，造成项目设计阶段就出现偏差。建成后实际污水排放量达不到预期，造成处理能力闲置，也给政府造成了很大的可行性缺口补助的压力，为后期政府与社会资本产生纠纷埋下隐患。

二是监管模式没有统一明确的规定。例如污水、垃圾处理设施建成后，什么时间验收，如何验收，以什么标准和程序验收，专业公司需要提供哪些资料文件，政府方需要做哪些配合工作等，目前国家还没有明确和统一的标准，从而导致项目建成后验收难。相关公司往往难以拿到政府的补贴资金，特别是后期的可行性缺口补助，承担很大的资金压力。

三是项目征地拆迁协调难。以农村污水、垃圾处理项目为例，由于这类项目用地存在一定的特殊性，项目往往不使用国有出让地，而是使用集体建设用地，甚至农用地。由于在项目征地方面，目前还没有相应的规范与其相匹配，具体建设时往往就是在村镇集体土地或是田间地头的农用地里"抠"出来一小块，没有土地证，沟通协调难度大、成本高。

四是部分市县政府信用意识有待加强。以农村污水垃圾、处理项目为例，建设运营周期长，往往在20年以上，但地方政府都有任期，政府换届后，部分市县政府一定程度上存在"新官不理旧账"的现象，导致社会资本项目投资后验收难，也难以拿到原来合同约定的财政可行性缺口补助资金。另外，由于中西部地区很多市县政府财政较为紧张，且地方债务压力较大，为将有限的财力用于最紧迫、最急需的事项上，有些地方也存在故意拖延项目验收以将付费支出延后的现象，导致社会资本不能按时完成验收并拿到补贴资金。

（三）经营性基础设施建设现状及存在的问题

农村经营性基础设施项目社会资本投资的意愿较大，目前，农村经营性基础设施的建设融资存在如下问题：

一是政府配套政策需要完善。例如乡村旅游项目，虽然社会资本投资的意愿较强，但是在项目用地方面还需要完善相关政策，有效解决建设用地问题。

二是需要加大政策性金融的支持力度。农村经营性基础设施项目尽管能收回投资，但是回收期长，收益率也并不高，因此商业银行的中短期信贷资金并不适合这类项目，需要国家开发银行和中国农业发展银行的中长期政策性信贷资金的支持，以长期限、低利率匹配项目的现金流特点。

三是政府要加强规划引导和项目管理，避免行业无序发展。如农村冷链物流项目，地方政府应该做好相关规划，引导行业良性发展。对智慧农业项目，应结合当地产业特点，因地制宜选择合适的方案来开展。

三、加强农村基础设施建设的相关措施及案例分析

（一）保障资金来源

1. 加大财政投入力度

根据前文，应将公共性较强、外部性较好的公益性农村基础设施建设、运营和管护经费统一纳入财政预算。坚持涉农资金统筹整合，县级政府可建立专门的涉农资金整合机构，把各条线零散的资金集中使用，提高

资金使用效能。同时，健全涉农资金投入机制，重点关注资金综合绩效评价，提高涉农资金使用效益。对于半公益性基础设施和经营性基础设施，具备条件的地方可以按照市场化模式，探索市县政府和社会资本联合成立农村基础设施建设投资基金，充分发挥财政资金的引导和撬动作用。

以湖南双峰县为例，双峰县在不改变资金用途指向的前提下，多措并举，"集中财力办大事"：2013年以来，水利、农业、林业等10多个部门20多项涉农项目资金被整合，进行专户管理；设立县整合领导小组和涉农资金整合办公室，实行"一支队伍管"，建立涉农资金管理制度体系，提高资金使用效益；制定全县涉农项目八年规划和年度实施计划，把资金用到重点项目、重点区域。通过统筹安排，避免"撒胡椒面"，双峰农村基础设施工程个数减少40%，单个项目资金投入额增加5倍以上。

2. 积极引导社会资本参与

政策环境方面，在已出台《社会资本投资农业农村指引》目录基础上，建立资本下乡优先扶持目录，通过土地、资金、税收、政策等方面扶持，引导工商资本到乡村投资兴办农民参与度高、受益面广的乡村基础设施项目，撬动更多社会资本广泛参与乡村振兴。充分利用政府基金引导、资本金注入和特许经营等方式，引导社会资本加大对农村基础设施，特别是经营性基础设施的投入。积极探索通过资产证券化、股权转让等方式，增加相关资产的流动性，丰富社会资本的投资及退出渠道。盘活农村资产，推动农村一、二、三产业融合发展，整合资源，面向社会公开发行乡村振兴债券。

以四川省发行乡村振兴专项债为例，四川积极盘活农村资产，吸引社会资本和金融活水，有效降低了融资成本（利率基本为3%～4%），形成了乡村振兴三大发债融资模式。第一，以宅基地制度改革试点为契机，探索将土地收益作为项目主要收入来源的泸县乡村振兴专项债模式。泸

县通过城乡建设用地增减挂钩指标交易收益偿债,通过交易建设用地指标短期就能获得收益,并且偿债覆盖率较高,适宜发行短期专项债。第二,以现代农业园区为载体,探索农村一、二、三产业融合发展效益为主的眉山市东坡区现代农业产业园模式。眉山市东坡区现代农业园乡村振兴建设项目,聚焦泡菜产业,推进一、二、三产业融合发展,以项目建成后可用于经营的农业设施租赁收入、农产品销售收入、旅游收入、服务收入等作为主要收益来源,发行乡村振兴专项债。这一债券资金回笼时间相对较长,适宜发行长期债券。第三,将高标准农田、农业园区、农产品仓储冷链物流等打捆包装,探索基于项目多元化综合收益发行的井研现代农业建设模式。这种模式的优点在于既有短期就能见效的新增耕地指标出让收益,又有长期经营产生的产业经营收入和服务性收入,具有较强的抗风险能力。

3. 壮大村级集体经济

壮大村级集体经济,增强村集体造血能力,提升村集体自主建设农村基础设施的能力。为此,要鼓励村集体利用农村产权清产核资和股权量化机遇,将集体所有的土地、林地、荒山、荒坡等自然资源经营权折价入股合作社、家庭农场、龙头企业等经营主体,壮大村集体经济。积极探索"三权分置"改革,进一步激活农房、田地、山林等闲置资源,鼓励农村集体经济组织依法盘活集体经营性建设用地,发展村级集体经济经营实体。通过建造或购置物业项目,高质量使用土地补偿资金,实现村集体闲置资金保值增值。

以浙江绍兴市为例,绍兴通过实施"闲置农房激活计划",有效激活农房、田地、山林等闲置资源,发展壮大村级集体经济。上虞区积极探索"三权分置",明确承租人拥有宅基地及房屋租赁使用权,有效期最长20年,且租赁使用权证可用于融资抵押担保,以解决承租人在房屋装修和经营过程中的资金困难问题。柯桥区先后将34户闲置农房及其他闲置土地租赁给社会资本，用于改造主题民宿和开发配套旅游项目，解决了闲置农房土地盘活利用的瓶颈问题，也促进了各类人才"上山下乡"，回归农村创新创业，开创乡村新空间。

以浙江桐乡市为例，桐乡市结合"退散进集"、土地综合整治等工作，通过建造或购置物业项目，高质量使用土地补偿资金。凤鸣街道积极整合联庄村等7个行政村退散进集补偿资金1000万元，在灵安工业区双创园购置标准厂房，由街道工业园区统筹出租，实现了村集体闲置资金保值增值。开发区（高桥街道）出台村级空闲资金理财优惠政策，吸纳村集体自有资金，各村每年按出资额7%～10%获取收益，2019年，共计增加村级经常性收入约950万元。

以甘肃陇南市徽县为例，通过提前对农村土地、林地等资源要素进行核查清理、登记备案、评估认定，将集体所有的土地、林地、荒山、荒坡等自然资源经营权折价入股合作社、家庭农场、龙头企业等经营主体，壮大村集体经济。同时，徽县制定出台《徽县城乡产权交易服务工作方案》，建成了县级农村产权确权抵押交易服务大厅和农村产权确权抵押交易网络平台，以及两个区域乡镇农村产权确权抵押交易服务平台，有效缓解了产业发展资金不足的压力。

4.增强金融支持力度

明确政策性银行、国有大型商业银行、农村中小金融机构服务乡村基础设施的职责和定位，制定差异化信贷政策，加快金融产品创新。国家开发银行和中国农业发展银行可在不增加政府隐性债务的基础上加大对农村基础设施的信贷投放力度；金融机构，特别是政策性银行，可以通过融资模式创新，将无收益的公益性基础设施项目与有收益的项目（如土地整治、农业产业、乡村旅游等）打包整合成一个项目，通过统筹整合、优化配置基础设施建设及其衍生、共生的各类要素资源，将基础设施建设所产生的一部分正外部性归集，内化为实施主体依法合规享有的经济价值。在有效市场和有为政府的共同作用下，通过实施项目提升资源要素的利用效率，发掘潜在价值，促使非经营性项目向准经营性项目转化、准经营性项目向经营性项目转化。通过建立利益共享和联结机制，促进项目实施带来的要素价值提升，并切实转化为企业财务效益和可用于还款的综合现金流。

以国家开发银行甘肃分行支持农村基础设施为例，国开行甘肃分行推动陇南各县区积极整合多项财政涉农资金，以各县区未来可统筹整合使用的涉农资金作为还款来源，采用"市级统贷＋县区偿还"的模式，先期贷款约60亿元，支持贫困村的基础设施、安全饮水、环境整治等建设，用2～3年时间完成贫困村的村组道路、灌渠、危旧房改造、便民广场、太阳能路灯等与精准脱贫密切相关的核心指标。整个项目从启动到实现承诺，仅用了短短两个多月时间，创造了国开行甘肃分行新的审议周期记录，也是国开行在全国范围内首个成功落地的整合财政涉农资金案例。

5. 强化国有企业责任

加快推动原有地方政府投融资平台完成市场化转型，在清晰划断政府债务、完善公司治理结构前提下，推动其转型为市场化的城乡融合发展运营商，与财政投入形成合力，带动政策性金融、商业金融、资本市场形成多元化、市场化的农村基础设施建设投入新格局。转型后的地方政府投融资平台可以在农村基础设施建设中发挥投融资主力军的作用，融入政策性银行资金和其他商业性资金，加大对农村基础设施的投入。鼓励由国有企业牵头，整合各行业优质资源，搭建参与农村基础设施建设的投资运营平台：重点引导和鼓励国有电力、电信企业发挥市场主体作用，加大对农村电网改造升级、电信设施建设的投入力度；积极鼓励和引导其他领域国有企业通过帮扶、援建等方式参与。具备实力的国有企业应强化担当意识，发挥自身业务优势，积极帮扶困难县市完善基础设施建设，通过投资、捐赠等多种方式，支持相关地区农村基础设施建设。

以山东省商业集团有限公司为例，助力乡村振兴，体现国企担当，山东省商业集团有限公司于2018年9月成立了鲁商乡村发展集团有限公司，探索出"667"乡村振兴基础设施发展模式，即通过银座幼儿园进村、福瑞达健康养老进村、智慧零售进村、精品旅游进村、职业学校进村和国家农产品中心进村，实现农村变景区、农民变股民、农舍变客舍、劳动变体验、劳力变人才、资产变资本、产品变商品的目标。该公司在建设、运营乡村旅游基础设施过程中，坚持不与村集体、村民争利益，探索建立了共建、共融、共治、共享的利益联结新机制，为村民持续创造土地流转、房屋租金、打工收入和股权收入，使1200名村民实现了家门口就业，59户村民开办了农家乐，户均年收入达到了10万元。

（二）科学制定建设规划

1. 完善农村基础设施的建设标准

完善农村基础设施的建设标准、管理体系和监督机制等，做到有法可依、违法必究、执法必严，为农村基础设施建设提供有力法律保障。如农村公路、乡村垃圾处理站等基础设施，各地政府应根据当地情况，明确适宜于本地区的建设标准，避免因过度超前造成浪费，或标准不科学影响使用效果。

以北京市昌平区为例，为加快美丽乡村建设，北京市规划和自然资源委员会昌平分局开展了《村庄公益性设施建设标准》研究工作。该建设标准的研究内容涵盖村庄公共服务设施、村庄基础设施等22项具体的设施，合理规范各类公益性项目的建设标准，为项目审批提供了依据。同时，结合设施的规模要求、功能要求、技术要求、风貌要求等形成统一的设计图集，以便更好地指导村庄各类公益性设施建设。该局结合《村庄公益性设施建设标准》同步在兴寿镇秦家屯村开展村庄公益设施规范化建设试点。通过开展试点工作，并认真总结经验，形成全流程案例，计划下一步在全区推广。

2. 因地制宜规划农村基础设施建设

要根据当地经济发展阶段和资源禀赋，科学制定农村基础设施建设规划。我国行政村约有50万个，区域差异大，发展阶段不同，自然资源、经济水平、文化习俗等方面各有特点，因此要充分认识到乡村基础设施规划编制的复杂性，要因地制宜、循序渐进推进建设。此外，也要防止农村基础设施的过度建设，不搞大拆大建，保留乡村特色风貌。要把村庄规划摆在重要位置，把农村基础设施建设规划纳入县市经济社会发展总体规划，与其他各项规划相衔接、相协调，用高质量、可操作、能落地的规划设计指引建设、调配资源、凝聚力量，避免因规划失误造成资源错配和浪费。

以甘肃康县为例，康县为了防止乡村规划设计不落实，克服"先干再说""边干边看""随意乱干"等错误倾向，着重从项目审批、竣工验收和资金拨付等环节严格把关，确保规划设计不折不扣落实。项目审批中，县对各村提交的建设项目申请逐一进行审核，先审核建设规划和施工设计，审批通过后，再由乡镇和村社制订实施方案。实施方案审批通过后，由领导小组办公室下发审批文件，随后才能启动建设，做到无规划不设计、无设计不审批、无审批不建设。竣工验收中，县委农办组织相关部门和人员，采取查看资料、现场检查、抽样丈量等多种形式，重点核查是否按规划和设计建设、是否达到规划和设计标准，对不合格的工程不予验收通过，充分体现规划设计的严肃性。资金拨付中，对于没有规划设计、未严格按照规划设计建设，以及擅自增加或减少项目、工程量的，不予报账，项目资金由建设单位自行解决，督促建设单位严格按照规划设计施工建设。

3.加强城乡规划统筹

按照城乡一体化发展的要求，衔接协调各类规划，推进县域乡村建设规划编制，统筹农村道路、供水、污水垃圾处理、供电、电信等基础设施建设布局，并补齐乡村数字化基础设施短板，弥补城乡数字鸿沟。同时鼓励将城市周边农村、规模较大的中心镇纳入城镇基础设施建设规划，实行统一规划、统一建设、统一管护。

以河北迁安为例，作为依矿而起、因钢而兴的工业城市，迁安始终把工业和农业、城市和乡村作为一个整体统筹谋划，把工业反哺农业、城市支持农村作为一项长期坚持的方针：完备设施构筑交通路网，每年投入5亿元，在全省率先实现镇乡通二级公路、村村通油路和公交城乡全覆盖；新改扩建学校和幼儿园138所，镇街卫生院和村卫生室标准化建设覆盖率达到100%，建立了城乡居民医疗保险制度，农村教育、医疗、养老、生活福利等社会事业逐年完善。

（三）建立多元参与机制

1.推广以工代赈，增加农民收入

市县相关部门在开展相关农业农村基础设施项目谋划、规划和年度投资计划编制等工作时，要积极推广以工代赈。对于采取以工代赈方式实施的农业农村基础设施项目，有关行业主管部门要鼓励引导项目实施单位按照就地就近的原则，优先吸纳农村低收入群体参与工程建设，最大限度提供更多就业岗位。同时统筹各类培训资源，有针对性地开展技能培训，提高农民技能水平，延伸扩大就业容量，促进贫困群众通过劳动实现增收。

以湖南凤凰县为例，凤凰县实施了阿拉营镇龙井村等贫困村片区综合治理项目。在项目设计时，将就近安排贫困群众参与工程建设作为首要条件。在项目实施时，将吸收贫困群众就业和发放劳动报酬作为特别要求，除技术复杂的工程项目外，要求施工单位必须优先组织当地贫困群众参加工程建设，由村委会负责组织当地群众及工匠施工。通过发放劳务报酬，有效带动了贫困群众增收。

以贵州印江县为例，印江县在木黄镇开展以工代赈巩固脱贫成果衔接乡村振兴试点，积极探索"产业发展配套基础设施建设＋劳务报酬发放＋资产折股量化分红＋就业技能培训"的赈济新模式，在改善产业配套基础设施条件的同时，实行以工代赈资产折股量化分红，构建起"龙头企业＋合作社＋农户"的利益联结机制，开发了大批就近就业岗位，多渠道带动群众增收，有力推动了印江县食用菌产业发展，成为当地巩固脱贫成果、推进乡村振兴的标志性工程。

2. 充分激发农民群众的主人翁意识和创造精神

农村基础设施建设，不能光靠政府和企业投入，也需要农民这一农村真正的主人积极参与其中。20世纪50至70年代，农民在农田水利等农村基础设施的建设中发挥了极大的作用。在当前形势下，如果不能充分发动农民主动参与农村基础设施建设，仅靠政府和企业投入，建设效果会事倍功半。相反，如果农民积极参与、主动投入，则少量的投资可以建成大量的设施，取得事半功倍的效果。为调动农民积极性，在农村基础设施规划阶段，可以采取问卷调查、农户访谈、村代表会议等方式，广泛听取农民意见建议。在农村基础设施建设阶段，对于农民自主参与、直接受益的建设项目，通过政府资金引导，用以奖代补、以物抵资和以工代赈等方式，引导农民积极投入当地农村基础设施建设。创新市场化合作机制，鼓励农民以土地经营权、劳动、技术等要素，通过股份合作、租赁等形式，参与农村基础设施建设。在农村基础设施管护阶段，构建农民义务履行机制，确保农民承担与利益相匹配的责任，参与农村基础设施管护。探索建立农村公共基础设施使用者管理协会，鼓励采用"门前三包"、文明户评选等形式，引导农民参与村内道路、垃圾收集处理设施和公共绿地等的管护。

以甘肃康县为例，康县通过奖补机制激发群众投入热情。不大包大揽，不搞"平均分配""先给后干"，而是采取"财政奖补、群众主体"的激励办法，充分激发农民群众的主体作用和创造精神，制定出台27项奖补标准，公开、落实奖补政策。基础设施和公共设施由部门、乡镇和帮建单位负责，房屋风貌改造、入户巷道和庭院硬化等坚持群众自建，政府以资金或水泥、瓦片、涂料等实物奖补。2012年以来，康县共投入18.54亿元用于美丽乡村建设，撬动群众筹资65.4亿元，收到了用政策奖补的"四两"撬动群众投入"千斤"的效果。比如，巷道和庭院硬化，政府给一户奖补15袋水泥，大概值300元，农户需要备3车沙，值600元，用工6名，折资500元，农户投入是政府投入的3倍多。

3.推进结对帮扶实施工作

要通过对公共资源配置和社会资源分配适当地倾斜引导，组织发达地区，特别是发达城市对周边县市的乡村基础设施和公共服务水平的结对帮扶。要鼓励城市企业或涉农龙头企业同农户、农民建立覆盖全程的战略性伙伴关系，完善利益联结机制。要创新村企合作模式，具备实力的企业要发挥行业优势，立足企业实际，重共建轻捐助，牢牢抓住产业扶贫、消费扶贫这两个抓手。进一步探索以市场为导向，发挥企业在"产业造血"方面的独特优势，让社会资本和农民共享发展成果。

以宁波市北仑区为例，2006年以来，贝发、东方等30多家企业经宁波市北仑区、街道两级党委政府牵线搭桥，与所在区块38个村开展结对帮扶，积极参与农村道路、文化养老等基础设施建设。通过设立农村文化礼堂"公益金""乡贤基金""文化众筹"等方式，引导社会资本参与农村基础设施建设管理，有效填补了农村文化养老等设施建设、日常运营和管护经费的资金缺口。近三年，宁波市北仑区村企结对硕果累累：台塑工业（宁波）有限公司与宝山村、胜利村结对，共投入160多万元，助力文化礼堂升级改造、老年活动中心设备更新，并与河西村结对共建文化礼堂；东方集团与新权村结对帮扶，出资200余万元新建占地面积近4亩的村老年文化活动中心大楼，出资新建新权村文化礼堂；天波集团出资建设新棉村文化礼堂；路通公司捐资对兴岙村文化礼堂进行提升改造等。

（四）健全管护体制机制

1. 改革产权制度

结合农村集体产权制度改革，研究制定管理办法，推动各类农村公共基础设施确权登记颁证，确权登记颁证成果纳入县级相关信息平台，实行信息化、动态化管理。农村公共基础设施由财政资金投入建设的，产权归承担项目实施责任的地方政府或其授权部门所有；明确划归村级组织或由村级组织通过自主筹资筹劳以及接受政府补助、社会捐助等兴建的，产权归村级组织所有；由企事业单位投资兴建的电力、燃气、通信、邮政等经营性公共基础设施，产权归投资主体所有。

以陕西宝鸡市为例，宝鸡市明确农村公共基础设施管理分级职责，明确了管护责任。鼓励引导采取委托村集体经济组织管理、服务外包、联合管理等多种形式参与运行管理，先后将农村供水工程、卫生室、农村幸福院、水利设施、体育文化设施和公厕管理权属明确到村。将通村公路委托给村组管护，把管理的主责交给村委会，厘清设施权属，并建立公益性资产登记、管护台账。

2. 理顺管理体制

积极探索农村基础设施统一管理体制，切实解决管护不到位的问题。压实农村电力设施和公厕管护责任，鼓励各地根据实际，制定具体的管理办法，明确资金、人员、岗位整合路径，建立完善的管护责任机制。加快推进农村基础设施管护市场化改革，因地制宜推进管护队伍的专业化和社会化，对于大中型专业性工程，逐步通过市场化方式交由专业队伍承担。

以陕西宝鸡市为例，2021年宝鸡市制定《关于加强农村公共基础设施管理巩固拓展脱贫攻坚成果促进乡村振兴的意见》，提出加强统筹，夯实农村电力设施和公厕管护责任，实施管护人员技能培训全覆盖。各县区根据实际，制定了具体的管理办法，强力推动各项政策措施落地见效。江西万年县出台了《关于建立"五定包干"村庄环境长效管护机制的实施意见》，按照"有人看护、有钱维护、有制度管护"的要求，建立了长效管护"五定包干"机制，将全县村庄分成一般自然村、示范村、旅游村等不同类别村，制定不同管护要求和管护标准，所有村庄落实管护责任主体，分类包干。

3. 优化管护资金保障机制

农村基础设施管护主体缺失的主要原因是管护经费不足，这需要地方政府根据运营管护权责或受益对象，确定运维经费来源，建立运维经费保障机制。地方按规定统筹将一般性转移支付用于农村公共基础设施管护补助，并向贫困地区、少数民族地区、革命老区、边境地区等倾斜，有条件的地方还可以对集体经济薄弱、筹措资金困难的村适当予以补助。农村集体经营性建设用地入市收益，可安排一定比例用于农村公共基础设施管护。村级组织可通过提取公益金、村民"一事一议"制度等，积极筹措管护资金。在使用者付费和农民负担增加两者达到平衡的基础上，逐步完善农村准经营性、经营性基础设施收费制度。逐步理顺农村公共基础设施产品、服务价格形成机制，充分考虑成本动态变化、农户付费能力、政府财力等因素，合理确定和调整价格水平，逐步实现经营性基础设施城乡同网同质同价。

以甘肃康县为例，康县在美丽乡村建设中既重建更重管，坚持建管并重、管用并行，创造性落实省关于村级公益性设施共管共享的指导意见，持续巩固建设成果，实现常绿常新常美，促进美丽乡村建设工作持续稳健推进。管护资金以县、乡、村三级投入为主，村民投入和社会捐助为补充。因自然灾害损毁严重的设施，由县财政投入维护资金；因非人为因素损坏不严重的设施，由乡镇解决维护资金；一般性经常性维护资金通过村办公经费解决，乡镇适当补助。发动受益单位和群众自愿出资出劳，鼓励社会各界捐助，弥补管护资金不足。

做强中心镇 带动乡村振兴

近年来,中央高度重视以城带乡、以镇带乡在乡村振兴中的作用。《中共中央关于制定国民经济和社会发展第十四个五年规划和二〇三五年远景目标的建议》指出,把乡镇建成服务农民的区域中心。《乡村振兴促进法》指出,要协同推进乡村振兴战略和新型城镇化战略的实施,整体筹划城镇和乡村发展。《中共中央 国务院关于全面推进乡村振兴加快农业农村现代化的意见》指出,加快小城镇发展,完善基础设施和公共服务,发挥小城镇连接城市、服务乡村作用。《乡村振兴战略规划(2018—2022年)》强调要增强城镇地区对乡村的带动能力,因地制宜发展特色鲜明、产城融合、充满魅力的特色小镇和小城镇,以镇带村、以村促镇,推动镇村联动发展。

可见,推进乡村振兴不能就乡村论乡村,镇域作为城镇体系的"末梢"和农民进城的"始发站",是城乡融合的基层节点,也是坚持乡村振兴和新型城镇化双轮驱动的重要抓手。而在这些小城镇中,一些具有较好区位优势、较强经济实力、较好基础设施、较大发展潜力、对周边地区有一定辐射力的中心镇更是承上启下、联结城乡，打通城乡融合发展"最后一公里"的关键。

当前，我国城镇化进入快速发展与质量提升的新阶段，城市辐射带动农村的能力进一步提高，但仍未完全摆脱重视大城市发展、忽视小城镇建设的传统路径，大城市病与农村空心化、老龄化问题并存。中心镇作为新型城镇化的主阵地，是带动和支持乡村发展的重要载体，应当成为乡村振兴的重要抓手之一。

一、中心镇的功能

中心镇是县域城镇体系规划中的各分区内，在经济、社会和空间发展中发挥中心作用的建制镇。中心镇一般离城市（县城）有一定距离，区位交通优势突出，产业实力较强，人口较多，基础设施较健全，对周边乡镇具有较强的辐射带动能力。中心镇承载着集中当地人口、布局第三产业、集聚特色产业、带动周边就业，以及向周边辐射文化教育和医疗养老等公共服务的县域副中心功能。

（一）人口集中的新主体

随着改革开放进程的推进，大量农村劳动力从农村，跨地区、跨产业进入城市和沿海地区的非农产业，为城市发展尤其是劳动密集型产业的发展提供了坚实的人力保障。然而，随着城市化的深入，部分发达地区进入产业转型升级阶段，对普通劳动力的需求呈降低趋势。此外，大量人口集聚城市，也给城市公共服务带来了较大负担。

新冠肺炎疫情暴发后，以住宿餐饮业、旅游业、文化娱乐业、交通运输业为代表的第三产业受到强烈冲击，大量从事相关行业的农民工就业形势严峻。由于市场消费需求低迷，叠加国外新冠肺炎疫情持续蔓延的影响，不少返乡农民工难以返岗，长期滞留乡村，部分已返工的农民工也被迫再次返乡。此外，本地乡村企业受疫情影响，复工复产较慢，也影响了在乡农民工就近就业。

中心镇作为城乡一体化的战略节点，是农村劳动力转移的主渠道。中心镇人口聚集既有利于培育本地生产和消费市场，也有利于缓解城市交通、环保、消防、治安等方面的压力。

（二）产业集聚的新高地

作为联结一片片村庄的"集散中心"，中心镇比农村区位条件更好，更易于集聚自然资源、金融资源和人力资本，从而形成产业规模化和专业化的竞争优势，实现农业与二、三产业的融合发展。

产业集聚是中心镇发展的基本动力和基础，对中心镇自身、周边乡镇和县域经济发展都有着不可估量的意义。对中心镇来说，产业集聚有利于克服个私经济"村村点火、户户冒烟"的散乱状态，发挥产业规模效应和投资效益。同时，同业竞争与合作引发的创新机制、隐含知识和技术的溢出效应，都有助于帮助集群内的企业获得分散条件下难以拥有的良好研发与生产氛围和较高的市场占有率。对农村来说，中心镇产业集聚有利于增强其对周边村镇经济发展的辐射带动作用，为农村剩余劳动力实现就近就业创造机会。对县域来说，中心镇是县域经济高质量发展的底部基础，中心镇承接县域产业转移有利于城乡一体化进程的推进。

（三）功能集成的新平台

中心镇作为当前城乡一体化的战略节点，具有发展为新一代卫星城或小城市的潜力。中心镇可充分利用现代网络信息技术和各类社会服务组织，构建政府主导、社会参与、社区支持的中心镇综合服务功能体系，打造在基础设施建设、公共服务提供方面的功能集成新平台。基础设施方面，中心镇通过道路设施和供水、供气、消防、供电等公共基础设施建设，为产业发展和居民生活提供良好环境，为人口聚集创造条件。公共服务方面，中心镇通过在教育、医疗、文化、养老等公共服务领域的投入，辐射周边，有利于提高中心镇及周边地区人民的生活水平。

二、中心镇建设发展现存问题

（一）对中心镇认识不一

1. 界定标准不一

目前中央层面未就中心镇发布统一的指导意见，部分省市虽然出台了相关文件，但各地对中心镇的界定标准存在不清晰、不统一的问题。根据《2020—2035沈阳中心镇建设发展规划》，区域中心镇的界定标准是地区生产总值30亿元以上、一般公共预算收入3亿元以上、城镇常住人口3万人以上。中共中央办公厅、国务院办公厅《关于深入推进经济发达镇行政管理体制改革的指导意见》对经济发达镇认定标准是东部地区经济发达镇建成区常住人口10万人左右，中部和东北地区5万人左右，西部地区3万人左右，常住人口城镇化率、公共财政收入等指标连续2年位居本省（自治区、直辖市）所辖乡镇前10%以内。2017年江西省《关于深入推进经济发达镇行政管理体制改革的实施意见》在中央意见的基础上，增加了镇域面积不低于50平方公里，建成区面积不低于2平方公里的认定标准。四川省《关于推进中心镇改革发展的指导意见》仅对中心镇作了广义界定，未对中心镇的量化标准作出明确界定。

2. 概念辨析不一

《2020—2035沈阳中心镇建设发展规划》将中心镇归为重点镇的范畴，认为中心镇是具有较好区位优势、较强经济实力、较好基础设施，具有县域副中心和区域服务中心职能的重点镇。在实地调研过程中发现，也有部分地方将中心镇等同于重点镇、特色镇。

但也有观点认为中心镇与重点镇、特色镇不同，中心镇是自然形成、客观存在的，而重点镇是为了实现一定目的确定的，其界定有人为因素的导向，因而重点镇的存在是阶段性的。一个县域可以选择四五个中心镇，地域兼顾东、南、西、北各个片区，但确定重点镇往往是为了给予政策倾斜，因此在地区分布上往往是不平衡的。中心镇是建制镇，而特色小镇并非行政区划单元上的"镇"，而是位于城市周边、相对独立于市区，具有明确产业功能、文化功能、旅游功能和社区功能的重要功能平台。

3. 涵盖范围不一

部分学者如胡厚国、徐涛松从"地理—功能"的视角出发，认为中心镇是在一定区域内发挥"中心地"功能的区域，应包括县城镇，以及部分发展程度较高的建制镇。在实地调研过程中发现，部分县也认为县城镇（城关镇）属于中心镇范畴。而四川省2020年印发的《关于推进中心镇改革发展的指导意见》强调，中心镇原则上不含城关镇，应距离城市（县城）一定距离。

4. 各地重视不一

从全国角度看，目前中央未对中心镇出台统一的指导意见，只有部分省市发布了针对性文件，如2020年四川省《关于推进中心镇改革发展的指导意见》、沈阳市《2020—2035沈阳中心镇建设发展规划》，但大部分地方对中心镇重视程度不够，使得中心镇在当地要素资源配置中处于相对弱势地位，难以发挥中心镇集聚和辐射效应。就湖南省来看，2012

年湖南省住建厅印发了《关于公布省级中心镇、特色镇名单的通知》，确定全省 100 个镇为省级中心镇（含 34 个示范镇）。但在实际操作过程中，中心镇在要素资源配置中仍然处于弱势地位。而且，名单中列的中心镇因各种各样的原因目前已不再是县里最重点、最优先发展的对象。2019 年湖南省公布了 30 个特色产业小镇名单，并印发《湖南省支持省级特色产业小镇发展的政策意见（2019—2021 年）》，但名单中的特色小镇不完全是建制镇，与中心镇概念不完全相同。

（二）强镇扩权障碍重重

1. 扩权缺乏法律依据

目前各市县在强镇扩权的改革中陆续通过委托、授权或者设立派出机构的方式为中心镇增加了部分权力，如执法权和处罚权。但这种扩权方式缺乏法律依据，相关政策也难以配套，导致权力下放运行不畅，甚至"无法可依""处处违法"。比如，根据我国行政处罚法的规定，实施行政处罚的主体必须是县级以上的地方政府或同一级别的行政管理机关，镇级政府无权管辖。

此外，部分行政管理机构通过在镇设立分局、站、所的方式授权，导致很多事项由管理部门和镇"双重管理"，不仅没有提高管理效果，反而导致执行力减弱。另外，缺乏上层法律保障的"扩权"也存在较大随意性，极有可能产生权力的"钟摆效应"，导致权力时收时放，"放权不放心""放权不放手"，让镇政府"望权兴叹"。

2. 镇政府承接能力较弱

部分镇级政府人数有限、人口老化严重、学历层次较低，缺乏承接权力的能力，以至于很多乡镇干部身兼数职，再加上上级部门指导不够，部分地方"扩权"不但没有激发出应有的活力，反而使多项下放的权力处于闲置"断链"状态，形成不少管理盲区。

3. 缺乏配套的监管制度

各镇都有特殊情况和现实利益考量，在政策制定、政策执行以及地方公共服务上难免存在碎片化困局，使乡镇治理的政策研究与决策缺乏系统性和全局性。部分地方甚至因不会用权或者滥用权力，出现违规审批、盲目上马工程、权力寻租等问题。

（三）发展要素保障不足

1. 资金欠缺

当前中心镇建设资金需求较大，而省市级财政资金对中心镇建设的支持力度有限，镇一级招商引资自主权较低，市场化主体参与度较低，中心镇建设融资渠道有限。以湖南省邵阳县为例，2016—2020年间小城镇建设资金为2854万元，包括县级支持资金1884万元，上级支持资金970万元，其中上级支持资金2016年150万元、2017年360万元、2018年380万元、2019年80万元、2020年无资金支持。

2. 人才匮乏

中心镇及农村地区常住人口受教育程度普遍偏低，专业技术人才较匮乏，而中心镇吸引和留住人才手段有限。由于子女教育、医疗保障等诉求难以实现，高素质人才外流严重。统计数据显示，2020年我国人户分离人口近5亿，比2010年增长88.52%。

3. 用地缺乏

目前中心镇后续土地储备不足，部分中心镇城镇建筑布局不科学，土地利用不当，乡镇企业遍地开花、布局散乱。此外，征地难问题也制约着中心镇土地的集约利用。

（四）辐射带动效果不理想

1. 产业带动能力弱

虽然中国当前的城乡二元体制使农民工在住房、教育、医疗等方面难以市民化，但仍有七成以上农村男性劳动力外出务工，留在农村的主要是60岁以上的老人和家庭妇女。这与中心镇的产业发展没有起到对周边农村就业的带动作用也有较大关系。具体来说，中心镇产业发展存在以下几个问题：

一是发展定位不清。部分中心镇在规划时对内部潜力挖掘不够，没有找准当地特色优势产业，导致发展主题雷同。以湖南省为例，郴州市苏仙、北湖、桂阳、资兴、永兴、宜章、临武等地均零散分布有电子信息产业园区。各镇产业同质化发展，易出现低水平的重复建设问题，使各地比较优势难以体现。此外，各县在招商引资过程中存在同质化竞争，往往比拼税收等优惠政策，造成厂房资源大量空置，难以发挥产业集群效应。

二是规划布局无序。以旅游产业为例，目前大多镇域旅游主要以自然或田园风光的观光休闲、农家乐为主题，少有参与性、互动性强的娱乐旅游项目，也没有规划科学的旅游线路，游客普遍是一日游甚至半日游，少有外来游客。有的地方并无特色旅游资源，却盲目花重金打造文旅小镇，有的地方没有深入挖掘当地文化底蕴，导致沉睡的文物资源与落后的旅游业并存。

三是三产融合不够。中心镇产业发展主要以农业为依托进行产业链条延伸，但当前大部分中心镇只延伸至农产品加工业等第二产业，农业与文化旅游、休闲康养等第三产业的融合程度仍然不够。以华容县为例，截至2020年6月，全县农产品加工企业总产值与农业总产值比达到265∶100，但农业服务业增加值占比农业增加值不到4%。

四是对移民集中安置镇的产业发展重视不够。整体移民搬迁扶贫本质上是一种受政策因素影响的人口迁移活动。近年来，随着城乡一体化进程和国家脱贫进程的加快，移民集中安置镇不断增多。由于生存地域、生活环境、社会经济等因素的变化，当地居民存在对迁入地难以适应的问题。受"重工程、轻移民，重搬迁、轻安置"思想的影响，部分地方也未足够重视移民集中安置镇的产业发展，导致该类镇在地方治理中逐渐成为各种社会问题高度集中、矛盾极为突出的地带。

2. 公共服务辐射窄

医疗方面，我国长期"重治轻防"，资源过多倾斜大型医院，中心镇等基层医疗机构地位尴尬，缺乏标准化初检设施、高素质全科医生和远程医疗机制。由于中心镇医疗服务能力与疾病诊疗水平不够，中心镇卫生院治疗普通疾病和慢性病的功能难以发挥，再加上一些地方对健康知识宣传不到位，群众对一些普通疾病认识不足，居民常见病、多发病多到县城医院就诊，县级医院医疗资源紧张和中心镇卫生院资源闲置并存。数据显示，2019年我国基层医疗卫生机构入院减少81万人，乡镇卫生院病床使用率从2018年的59.6%降至2019年的57.5%。

教育方面，一是对农村学生吸纳不够。虽然各中心镇基本都有幼儿园、小学和中学，但教育质量、管理水平与县城学校差距较大。即使中心镇有学位指标，也难以吸引学生就读，导致县城教育资源被过度挤占，部分县城区已出现大班额风险，而中心镇教育资源却未被充分利用。二是职业教育配套不够。经实地调研，县级初中至高中的升学率稳定在51%左右，说明仍有49%的学生难以顺利就读高中。目前县城大多只有1~2所职高，职业教育在中心镇还处于空白阶段，难以满足当地职业教育需求缺口。三是远程教育不畅。目前各中心镇并未大规模开展远程教育，即使有部分中心镇开设，但由于设备简陋老旧，加上相关经费不足，远程教育并未实现常态化运作。

三、关于加速中心镇发展带动乡村振兴的建议

（一）加强完善顶层设计，统筹引领中心镇科学发展

1. 精准定位，择优筛选

建议由住建部牵头，制定推进中心镇发展的实施意见。根据各地区实际情况，因地制宜确定中心镇在人口规模、面积、地区生产总值、财政收入等方面的量化标准，并厘清与重点镇、特色镇等类似概念的关系。推动各地在国家统一部署下，结合当地实际情况，在各县择优遴选 3～4 个基础好、前景好、特色鲜明、辐射带动能力强的建制镇作为中心镇予以重点支持，坚持宁缺毋滥。

2. 因地制宜，因镇施策

按照"城乡一体、适度超前"的原则，明确中心镇功能定位，避免同质化建设。支持中心镇与辐射范围内乡镇共同制定中心镇总体建设目标，编制专项建设规划，并注意保持与上位规划的一致性，因地制宜安排产业园区、商业贸易、住宅、文化体育、基础设施等建设用地规模。明确各阶段建设任务，细化保障措施，以公共基础设施、镇域景观、历史文化保护为重心，制定重大项目的建设清单，实现规划布局与建设进程的统一。

3. 聚焦产业，重点振兴

以产业发展为核心，以特色产业为主导，统筹布局，积极引导具有一定规模的农产品加工、产业转移项目在中心镇集聚，支持中心镇围绕省域、市域内优势产业链，形成主业突出、错落有致、优势互补的全链条

产业"地图",以激发特色产业活力。发挥园区产业发展的"主战场"作用,利用镇域成本优势,为城市发达园区"飞地"落户量身定制招商引资政策。加强镇域产业品牌建设,政府、企业、社会共同推广,增强产业知名度、美誉度,发挥招商引资品牌效应。

(二)深化行政管理体制改革,推动中心镇扩权赋能

(1)制定权力清单,有序下放权力

完善相关立法,将中心镇认定为"强镇扩权"的重点和核心。坚持依法依规、权责对等、能放尽放的原则,在全面准确评估中心镇政府承接能力的前提下,下放中心镇建设迫切需要的经济社会管理权限和审批服务执法权限,重点扩大中心镇在农业农村、市场监管、建设管理、交通运输等方面的行政权力,在赋权事项上因地制宜、循序渐进,不搞"一刀切"或"揠苗助长"。建立中心镇扩权事项的准入制度和权责清单,科学规范镇域管理内容,并详细梳理权力下放后运行涉及的配套政策、法律,因地制宜、循序渐进做好制度配套,以免因相互抵触或无法可依造成权力运行"卡壳"。

(2)优化人力资源,高效承接权力

建议在人员编制上给予中心镇一定程度的倾斜,允许中心镇在地方机构编制限额内拥有更灵活的用人自主权,比如允许中心镇自主制定个性化的人才引进机制和基层干部待遇政策,增强中心镇对特色人才的吸引力。建立政府机构、科研院校、国有企业等各领域人才在中心镇的挂职交流制度,探索岗编适度分离、知识产权作价入股模式,吸引人才、留住人才。加强对中心镇政府工作人员的教育培训力度,重点开展财务、城建、土地等专业性较强的业务培训,指导中心镇政府更好更快地承接起下放的权力,从制度上帮助中心镇配备一支素质高、业务强、专业对

口的城乡建设队伍。建设返乡创业示范园（孵化园），增设返乡创业补助，并完善园区生活配套设施，大力推进产镇融合，打造能人返乡的"引力场"，吸引大学毕业生、在外创业人士回家参与乡村振兴，对引进的高新技术人才和专业领军人物在住房供给、保健康养、家属安置、教育培训、荣誉授予和提拔使用方面给予奖励性措施。

（3）完善监督考核机制，规范使用权力

建议在县级层面设立中心镇扩权督导小组，监督保障职、权、责的下放落到实处。构建中心镇扩权的评估考核体系，重点聚焦扩权是否推动中心镇特色产业发展、是否提高中心镇基础设施和公共服务的质量效率、是否增强中心镇辐射带动效果等方面，并确定奖惩标准。对于财权的下放要注意防范金融风险，设定债务底线，严格限定举债程序和资金用途，把债务分门别类纳入全口径预算管理，实现借、用、还统一。

（三）激发生产要素活力，聚力支持强镇建设

1. 保障资金供给

一要提高税收分成和非税收入向中心镇的返还比例，并通过人大审议等方式形成刚性制度，避免随意化。根据政府工作计划实施零基预算，提高预算支出的科学性、绩效性。以乡村振兴规划、行政部门职责为导向，建立包括绩效目标、预算执行监督和绩效监管、绩效评价和结果应用、退出全流程的执行体系。二要增加对中心镇医疗、教育、养老等公益性基础设施的专项资金支持，并建立激励中心镇发展的财政奖补机制。对于专项资金，要重点解决项目资金需要地方政府层层配套的问题，从各个地方的实际情况出发，对财力薄弱的县（市）降低乃至取消资金配套要求，由此产生的资金缺口，可由中央、省、市三级财政以转移支付的形式投入。三要建立多层次信贷支持体系。给予开发性、政策性金融机

构专项金融工具，定向支持中心镇发展，并鼓励农村商业银行、村镇银行、小贷公司积极开发中心镇产业经营体系的专属信贷产品和普惠金融业务。

2. 强化人才振兴

一要开展中心镇与周边大学结对合作。在大学搭建服务中心镇经济研发的服务平台，完善产、学、研链条，为中心镇发展提供智力支持。二要组建建设中心镇的志愿者队伍。与脱贫攻坚相比，乡村振兴需要挖掘更深层次的活力与可持续的内生动力，要利用志愿者组织非营利性、可操作性高且亲和力强等特点，为中心镇建设添砖加瓦。三要完善劳动力信息网络建设。针对农村剩余劳动力组织性弱、分散的特点，健全农村剩余劳动者转移的信息服务，为农村剩余劳动者提供本地就业信息，增加就业机会。

3. 强化用地保障

优先安排中心镇新增建设用地计划，不足的由省（区、市）统筹解决。以全域土地综合整治为契机，置换出的城镇建设用地指标，优先给就近中心镇使用。结合中心镇特色，科学安排农民安居、产业建设、基础配套、公共服务等各项用地，优化农村生产、生活、生态用地空间布局。

（四）强化周边辐射，实现城乡一体

1. 推行周边联营

建立中心镇与周边乡镇、农村的利益连接机制，通过经济主体股权联结、项目落地分工协作、工作团队深度融合、干部人才对口支援等方式整合资源、凝聚合力，推动周边地区与中心镇共建镇域经济、共享发展成果。在完成确权的前提下，允许农业转移人口在中心镇落户后继续保留在农村的各项原有合法权益，让农民在城乡间可进可退。

2. 重视移民集中安置镇

要想实现精准扶贫，易地扶贫搬迁只是第一步，后续还需对搬迁地区进行科学规划，让搬迁人民的工作、生活问题得到坚实的保障。对于移民集中安置镇尤其要重视产业发展，注重引入劳动密集型产业，解决当地居民的就业问题，帮助适应迁入地新环境，带动周边发展。

3. 强化公共服务

医疗方面，一要加强硬件设施建设。改造提升镇卫生院医疗设备，在人口密集的中心镇创建一批"卫星"医院，满足当地居民及周边村民就近就医需求，将符合条件的中心镇卫生院升级为二级医院。二要加快建设县域医联体。加强县级医疗机构与镇卫生院的远程会诊、业务培训、学术交流等深度医疗合作，建立县级医院就诊必须从中心镇医院转诊的制度，提高分级诊疗政策知晓率。三要改善中心镇医卫人员待遇。完善中心镇医卫人员人事管理制度，如职称评定制度、业绩考核制度和现代薪酬制度，重视全科医生培养，激发中心镇医卫人员的内生动力。四要深化"医养结合"，依托中心镇卫生院、医院建设养老院，探索"两院一体"发展模式，并与农村基本公共服务、农村特困供养服务相互配合。

教育方面，一要发展职业教育。聚焦优势产业发展职业教育，鼓励实力强、有条件的中心镇设立特色职业院校，重点向提升农民职业技能倾斜。注重对农民工法律知识、经济知识的教育，让劳动者学会依法维护自己的劳动权益。二要发展远程教育。完善网络基础设施，借力"互联网+"，畅通远程教育，提高教育质量。三要提高义务教育和学前教育水平。引进有实力的教育集团，联合创建一批区域性优质中小学和托育机构。

社会保障方面，一要完善相关立法，为保护农民工的合法权益提供明确的法律规定。二要探索城市居民在乡镇、农村工作、生活的配套政策，支持符合条件的新型职业农民参加城镇职工医疗、养老等社会保障制度。

深化农村集体产权改革
激发集体经济活力

深化农村集体产权制度改革,发展新型农村集体经济是"十四五"时期深化农业农村改革的一项重要任务。目前,我国正处在深化改革关键之期,广大农村更是改革的重中之重,党的十九大提出了乡村振兴战略,要把广袤农村发展成乡村文明、农民富裕的美丽家园。因此,创新农村集体经济运行模式,探索农村集体所有制体现形式成为基层政府调动农民积极性,促进现代农业发展的重要环节。

农村集体产权制度改革是当前深化农村改革的一项重点任务,也是实施乡村振兴战略的重要制度支撑。《中共中央关于制定国民经济和社会发展第十四个五年规划和二〇三五年远景目标的建议》强调要深化农村集体产权制度改革,发展新型农村集体经济。

一、推进农村产权制度改革

目前,农村集体产权制度改革已经全面铺开,改革工作取得了积极

进展和明显成效。但由于自然禀赋、历史传统、经济水平等方面的差异，各地的改革侧重点各不相同，加之改革推进的过程也是村庄布局和人口结构快速变化的过程，进一步增加了改革任务的复杂性和艰巨性。

（一）农村集体产权制度的改革阻点

1. 清产核资

一是村庄合并模糊了集体资产所有权边界。农村集体资产主要分为资源性、经营性和非经营性等三类资产。每一类资产的特性不同、形态各异，但都是农村集体经济组织成员共有的财产，都具有明确的产权边界。村庄合并不仅打破了村庄边界，也使得农村集体资产权属边界发生偏离。中央有关部门提出，推进农村集体产权制度改革，不能打破原集体的界限，更不能因为村庄的撤并，而任意合并、平调不同农村集体经济组织的资金、资产、资源，改变原有集体资产的权属。但从现实来看，村庄合并不仅打破了原有的村庄空间布局，改变了集体资产实际管理权限，也模糊了集体资产所有权边界，给以村为主要单位开展的清产核资增加了难度。

二是实践情况复杂影响改革工作推进。根据《中共中央 国务院关于稳步推进农村集体产权制度改革的意见》，本次改革可以分为两个步骤，第一步是清产核资、摸清家底，第二步是在有集体经营性资产的村庄开展股份合作制改革。其中第一步是要全面实施，第二步则主要在城中村、城郊村和经济发达村开展。根据改革推进过程中的反馈，不少地方对这两个步骤认识不清，工作重点发生了偏移。有的地方只将经营性资产纳入了改革范畴，忽略了集体土地、林地、园地、草地等资源性资产的清产核资；而有的地方又将一些根本没有集体资产的村庄纳入股份制改革范畴，甚至将村组道路、学校、村委会办公房舍等公益性资产引入股份制，不但没有实际意义,还带来了资产管理的混乱。

2. 成员界定

一是集体成员身份界定无据可依。集体产权制度改革中最复杂难解的实际问题是成员身份的界定问题。目前,国家层面还缺乏农村集体经济组织方面的专门法律,也没有司法解释,农村集体产权制度改革的依据更多地停留于政策层面,缺乏全国性、系统化的法治保障。确定成员身份通常要制定一套规则,但究竟符合何种条件的人可以被界定为集体成员,目前没有明确的制度可以参考。

二是人口流动频繁引发成员管理困扰。城乡融合背景下,成员权与集体资产股权分离趋势越来越明显,即取得集体资产股权的人不一定享有集体经济组织成员权,集体经济组织成员也不一定享有全部股份分红权利,如江苏某地的婚嫁人口流动落户问题,从最初承诺的不参与村里任何集体经济分配到现在要求全面参与分红。从某种意义上讲,集体经济组织成员身份界定问题已经在很大程度上表现为当期经济利益分配与长期收益权的博弈,而这些问题在城乡、婚嫁等人口加速流动的情况下变得更加复杂。

三是民主与司法的冲突。在成员资格认定上,很多地方通常采用"少数服从多数"的"票决"办法。这种做法看似民主,但实际上可能会导致认定双方的冲突。如山东某地一村民具有农村户籍,但其他村民认为他是"外来户",不承认他的集体经济组织成员身份。该村民到法院起诉后,法院依法判决他具有集体经济组织成员资格。但其他村民拒不执行,同时通过村民大会决议对抗法院判决,成员资格认定的相关问题在具体落实过程中没有从根本上得到解决。

3. 股权设置

关于是否设立集体股,各地主张不一,而中央对于集体股的取舍及比例也没有明确标准，导致各地改革操作差异较大。随着农业转移人口市民化步伐加快，乡村振兴人才需求愈发强烈，社区成员与集体成员交错混居成为常态，集体经济组织成员边界势必打破。与之相适应，集体股份价值如何评估、集体资产股份权能如何拓展、非集体成员如何继承股份，以及在股权抵押担保过程中如何建立风险防控机制等，都是当前和未来一段时期深化农村集体产权制度改革面临的迫切问题。

4. 组织构建

一是资产权属边界与改革单位不匹配。长期以来，我国农村集体资产主要由"镇—村—组"三级管理，但以组为基础；农村集体产权制度改革后则逐渐过渡为以村级管理为主。但实践中，一些地区在推进改革过程中，改革单位选择不合理，没有严格按照集体资产所有权边界实施改革。从长远角度看，资产权属与改革单位不匹配会对集体经济组织构建的层级选择及功能发挥带来影响，也有可能导致集体资产无法覆盖到相应的集体成员。

二是市场经营困难仍举债分红。长期以来，农村集体产权改革所形成的股份经济合作社并不是完全的市场主体，而是承担了基层经济治理任务的半行政性组织。因此其难以完全按照市场盈亏情况来处理股份分红问题，分红一旦难以持续，村民就会表达不满甚至有可能采取非理性集体行动。如广东某村庄负责人表示："本来搞经营当然有盈有亏，但现在村民的分红是只能增不能减的，借钱或者挪用一些资金分红也是没有办法的事。如2020年疫情以后有不少门面退租，但我们还是借钱先把分红分下去。"实际上，很多村庄都不同程度地存在举债分红维持福利的现象，少部分经济发达村债务问题就更为严重，多年来华西村、南街村等"明星村"深陷债务危机的报道屡见不鲜，说明农村集体经济很大程度是在依靠地方政府背书和银行贷款维持运转。

（二）农村集体产权制度改革的操作步骤

1. 分阶段量化资产，缓解村庄合并矛盾

通常情况下，实施村庄合并的农村集体经济组织，很少会出现经济条件相差不大、集体资产规模相同等情况。在这种情况下，如果改革中把村庄合并之后的资产平均量化给所有成员，就会产生不公平问题。因此，对合并后的村庄进行集体资产清产核资和股份量化时，必须充分考虑原各村集体经济组织成员的资产存量、贡献程度和意愿要求。如江苏溧阳市天目湖村属于集镇村，由东陵、杨家边和莘塘3个村庄合并而成。3个村庄不仅合并时间不一，而且集体存量资产各异。在推进农村集体产权制度改革过程中，天目湖村通过召开村民代表会议，以村庄合并时间为节点，对照3个村庄两个并村节点的财务报表，创造性地依照不同时期的集体资产贡献值配置股权，将村集体资产量化分化为3个阶段：

第一阶段为2001年12月31日，东陵村与杨家边村合并时的账面净资产；第二阶段为2002年1月1日至2009年12月31日，东陵村、杨家边村与莘塘村合并期间增加的净资产；第三阶段为2010年1月1日至2019年8月31日，3村合并后增加的净资产。具体做法是，将2002年并村前的资产按固定股值分摊给原东陵村集体成员，将2002年至2009年间增加的净资产分摊给原东陵村集体成员和杨家边村集体成员，最后将2010年至2019年间增加的净资产分摊给所有村集体成员。最终，经过3次净资产量化分配到个人，再进行叠加，按400元/股进行核算，从而得出原东陵村每个成员核股19股，原杨家边村每个成员核股17股，原莘塘村每个成员核股10股，合计天目湖村股份经济合作社享受股权1874户6474人。这个案例对合并后的村庄进行清产核资，通过分阶段量化资产和差异化配股，既考虑了不同成员的贡献度，又保护了成员平等发展权，实现了经济效益和社会效益的有机统一。

2. 加强清产核资工作认识，加快基层人才队伍建设

农村集体产权制度改革，就是要通过改革赋予农民更多财产权利，明晰产权、完善权能，积极探索集体所有制的有效实现形式，不断壮大集体经济实力，不断增加农民的财产性收入。在进行土地确权颁证的过程中，相关工作人员要依照相关规定，坚持公平、公正和公开的工作原则，切实维护好每一个农村基层民众的合法利益。同时也不能忽略集体土地、林地、园地、草地等资源性资产的清产核资，要按照有关规定、符合各项要求。并注意区分各类资产边界。然而，在乡镇和街道办等基层，清楚了解相关改革重点，并能按要求落实和组织村民开展相关工作的基层人才较少，要建立相应制度吸引相关人才志愿到基层来解决问题，同时也要针对基层已有人员开展培训，努力做好集体产权改革。

3. 灵活界定成员身份

在城乡人口加速流动的背景下，针对股权固化后成员新增、变更、注销等情况，需要建立动态调整机制，妥善化解因成员身份界定引发的矛盾。为扩大改革覆盖面和受益面，江苏溧阳市鼓励成员资格从宽界定，充分考虑婚嫁女、小城镇户口等不同群体的利益。比如，针对成员去世后的股份继承问题，如果无子女等法定继承人，去世后其股份回归村里转为集体股，如果有子女等法定继承人，但属于非成员的，可以继承股份享受分红，但是不具备成员资格，杜绝"两头占"现象。同时，也要防止由于人口流动迁出原址，在新址不被承认的"两头空"情况。一般而言，成员权所能衍生出的财产利益及其他权益存在于其与集体的内部关系之中。然而，在城乡人口加速流动的背景下，以成员身份为纽带的利益关系将更加复杂多变。这种改革做法通过成员权与集体股权的适度分离，将成员权兼具的身份权和财产权双重属性拆分重组，有效化解了

矛盾，维护了成员基本权益。

4. 变"无偿配股"为"出资购股"

早期改革中，农村在股权配置上普遍采取的是为集体经济组织成员无偿配股的做法，即只要一个村民在资格界定中被确定为集体经济组织的成员，那么就自然而然地获得了集体经济组织的股权。股权的多少，通常与年龄、农龄、土地、贡献等因素有关。这个做法存在两种弊端：一是出生、嫁娶等因素带来的新增人口，势必要提出股权申索的主张，无论如何平衡都很难让新老成员双方满意；二是因为股权系无偿获得的，因此组织成员通常只关心年终分红而不关心集体资产的经营管理，由此又滋生了年轻人坐等食利、不思进取等社会问题。

近年来，各地已经普遍实行了股权固化、静态管理的办法，即通过集体协商划定某个时点，在这个时点之后集体成员及股权份额不再变动。这一做法确实有效解决了股权增减带来的争端和冲突，但并未解决集体经济组织成员坐等食利的问题。对此，珠三角各地在继"无偿配股"向"股权固化"改革后，进一步启动了"股权固化"向"出资购股"的改革。这项改革包括以下要点：（1）现有成员可以按所持股份资产净值的一定比例有偿配股；（2）新增合法成员必须按每股资产净值足额购买相应档次的股权才能享受集体收益分配；（3）允许在资格界定中存在争议的特殊类型群体通过出资购股获取成员身份；（4）经全体成员按一定程序协商同意，允许集体经济组织的"引进人才"凭借资金、技术或管理经验获取一定股权。此外，陕西榆林一些村级组织允许曾经具有集体经济组织成员身份，但后来在城市落户工作的人出资购买一定的资金股。变"无偿配股"为"出资购股"既增强了集体经济活力，又能化解一些矛盾冲突、促进社会稳定。同时，还有利于密切进城人员和引进人才与集体经济组织的联系，发挥他们的带动作用，值得大范围推广。

5. 设立集体机动股，完善股权设置与管理

调查发现，由于集体产权制度改革涉及成员人数多、流动性大，且许多需要核实的信息年代久远，导致成员资格界定范围较模糊。同时，有的村户籍造册不完整、信息不完备，有的村改革灵活性不足，且各地改革信息不联网，无法比对，容易出现成员资格界定不完善、股权设置不合理等问题。溧阳市在推进农村集体产权制度改革过程中，创新性地提出按村级量化资产的一定比例设置集体机动股，专门用于因信息不全、工作失误而造成的成员股权错漏登记等问题。例如，戴埠镇河西村经济合作社只设个人股，不设集体股。个人股由人口股和集体机动股组成，人口股占可量化资产总额的72%，集体机动股占可量化资产总额的28%。机动股，实质上相当于弹性化的集体股，但是目标指向解决个人股份量化纠偏问题。改革基本完成后，如果发现有遗漏人员，可以随时进行登记，通过相关程序调整股份，为解决历史遗留问题留足空间。另外，为充分拓展股份权能，钱家社区结合实际情况，充分考虑集体成员对集体经济发展壮大所作的贡献度，创新性提出股权认购方案。具体来讲，主要按照"贡献越大，回报就多，兼顾平衡，差别认购"基本原则，将个人认购股权方案分为11档，让成员自愿分档认购。同时，该村还结合宅基地制度改革设立贡献股，试点推进农村集体经济组织成员加入机制，既保障了成员的集体收益权，激发了集体成员的积极性和主动性，也为新成员加入集体开辟了途径。

6. 细化组织架构，分层推进改革

实行集体资产精细化管理，完善法人治理结构，不仅有利于资产保值增值，还有助于健全乡村治理体系。江苏某村自发分片发展集体经济，以村为主体分片构建股份经济合作联社，成为村集体经济发展的主要载体。经过多年发展形成相对固定的运行模式，每个村民小组都有各自的

集体资产，每个联社也有一定的集体经营性收入。根据新一轮农村集体产权制度改革要求，该村在合作联社基础上继续形成了村级股份社股东，这种改革遵循了"自下而上"的改革路径，既不改变当前分红模式，又优化升级了管理模式，还破解了资产权属边界与改革单位不匹配问题。

二、农村集体经济发展方向

农村集体经济是生产资料归农村成员共同所有，实行共同劳动和劳动成果共享的一种社会主义经济组织形式，是社会主义公有制经济的重要组成部分。农村集体经济具有利润共创、风险共担、实现共同富裕的经济特征。发展壮大农村集体经济是巩固和完善农村"双层经营"基本经营制度的有效实现形式，对于推动城乡一体化发展、农业农村现代化，以及实现共同富裕、实施乡村振兴战略、解决"三农问题"都具有十分重要的意义。

在我国以家庭承包经营为基础，集体统一经营"统"和家庭分散经营"分"相结合的双层经营体制中，相对于家庭经营为主的"分"而言，集体经济发展相对缓慢。然而，随着我国社会主义市场经济的发展，体现着"分"的家庭分散经营由于土地碎片化、经营规模过小、生产效率过低等原因在一定程度上限制了农村经济规模化经营，但农业迫切需要向规模化和机械化转变，而集体经济能够克服个体碎片化农业所具有的劳动生产率低、收益低、抗风险能力差的弊端，实现规模经济，同时防止两极分化、缩小贫富差距。目前，我国一些农村正在由传统的按劳分配的集体经济向新型的"按份共有""按股共有"的股份合作集体经济组织形态转变，这对于实现小农户和现代农业发展有机衔接、发展农村生产力具有重要的作用。

（一）发展多种形态的村级集体经济合作模式

1. 农村集体经济组织、农民专业合作社和农户三方生产要素合作的集约化经营发展模式

农村集体经济组织由集体经济组织成员组成，主要负责集体经济的运营和管理，目标是提升集体经济内在发展能力，提高组织成员财产性收入。农民专业合作社是由生产经营同类农产品的合作社成员共同经营、共同承担风险的农民互助性经济组织，是发展现代农业的新型组织形式。因此，农村集体经济组织与农民专业合作社等的经营主体应该是合作关系而不是孤立的个体。在这种股份合作模式中，村集体经济组织的资源优势、合作社的技术和管理优势，以及农户土地资源和闲散资金优势可以得到有效利用。一是由村集体经济组织以村集体拥有的土地、资金以及其他有使用价值的资产等要素入股；二是充分发挥村干部组织农户的优势，集中全村资源，以农户的土地要素入股；三是合作社提供管理、技术、生产服务、企业家才能以及其他资产等要素；四是运用量化方法对以上全部生产要素进行相对价值评估，并量化个股价值，进一步确定村集体资产的股份数量以及合作社与单个农户的股份数量，并按照股份结构分配股红。

2. 农业龙头企业引领市场与小农户对接的股份合作模式

为了促使农户、村集体、市场经营主体等各方优势资源实现有效整合，提高农业产品的市场化程度，应建立龙头企业、村集体经济组织与农户利益联结机制，促进集体资产保值增值的实现以及大市场与小农户的紧密连接。这种模式需要村集体发挥组织农业企业与农户对接各种资源的作用。一是由村集体经济引入经营良好的龙头企业，村集体与龙头企业组建股份制企业，或入股龙头企业经营项目；二是充分依托村级集体拥有的自然资源、发展资金、人文特色等资源开发、培育特色农业产业；

三是深入挖掘村级集体经济组织中的资金、资产、资源等"三资"的综合价值，同时鼓励和支持村级集体经济组织吸纳农户以承包地、林地等经营权入股自愿加入，其中农户土地并入村级集体份额中并将其土地另行建账；四是明确村集体经济组织和龙头企业股权数量和结构，同时村集体经济组织应明确与农户之间的股份关系。基于保障村集体和农户利益的基本目标，确保村集体和农户"保底"收益并按照股权分红。如江西金溪县结合各乡镇的特色和资源禀赋，以养牛产业为基点，成立金溪县犇众农业发展有限公司吸引涉农资金，6个村委会存量资产入股和全村17户脱贫户惠农信贷通贷款参股等多元化投资共1100万元，养殖西门塔尔优质肉牛；同时，公司引导周边村民利用丘陵山地和"望天田"，订单种植肉牛青饲料"皇竹草"，探索出了"乡贤领办、资源入股、村民参股"等村集体经济多元化投入模式，大力发展"龙头企业+村公司+农户"等多元化发展模式。

3. "一条龙"全托管服务带动村集体、托管组织和农户三方利益联动的发展模式

农业生产托管是农户将一个、几个或全部农业生产环节委托给社会化服务完成的经营方式，能够促进现代农业发展，提高农业生产效率。如山东高密市组织村两委成立合作社为农户提供耕、种、管、收、储、加、销等"一条龙"全托管服务，使村集体收入大幅增加。针对农户农业产品成本高、土地经营效益低下的问题，可以推进"一条龙"全托管服务带动三方利益联动的发展模式。由村级集体经济组织负责组织农户的耕地，由农业专业合作社等托管组织为农户提供从种到收"一条龙"规模化生产托管服务，农户则向托管组织支付生产作业服务费和农资费用。为了确保服务质量，农户将生产服务费统一交给村级集体经济组织，托管服务通过村集体经济组织验收合格以后方可获得托管服务费。托管组织每

年向村集体按照每亩一定数额支付管理费作为村级集体经济收入。这种模式不但确保村集体有一定收益，而且整建制托管、土地连片种植也能有效整合地边地沿，使土地拓展一定的种植空间。另外，实地调研发现，农业全托管的规模化作业能够使每亩降低不少于200元的种植成本，可直接提高农户农业收入。采用"一条龙"服务的全托管模式能够把农民从耕地中解放出来，使剩余劳动力安心外出打工而增加工资性收入。此外，三方利益联动的托管模式能够确保村集体经济组织和托管组织发挥农业生产社会化组织的功能。

（二）集体资产股份权能流转

农业农村部《关于进一步做好贫困地区集体经济薄弱村发展提升工作的通知》提出，对组级所有的闲散土地资源，可有偿流转给村集体，统一对外出租、入股，提升资源利用效率。在具体操作中，可利用农村集体产权制度改革成果，通过村股份经济合作社来统一流转组级集体资产资源，条件成熟的地方，还可以将组级集体资产资源入股村级股份经济合作社，实现按股分红、共同发展，提升资源利用效率。

2016年12月中央发布的中共中央、国务院《关于稳步推进农村集体产权制度改革的意见》要求赋予农民对集体资产股份占有、收益、有偿退出及抵押、担保、继承权。为落实改革精神，近年来珠三角地区不少农村集体经济组织开始修改章程，允许股权在组织内部继承、转让、买卖、赠予和抵押。股权的合理流动充分落实了集体股份权能，特别是在解决集体经济组织成员融资、救急等现实困难方面发挥了立竿见影的效果。具体操作上，根据流转范围的不同，股权流转又分为户内流转、组内流转和社内流转。显然，允许流转的范围越大，股权的经济属性体现得就越明显。

拓展投融资渠道
强化乡村振兴投入保障

实施乡村振兴战略，是新时代全面建成小康社会，做好"三农"工作的总抓手。而现有乡村投融资机制不能满足乡村振兴对资金的需要，只有优化现有投融资机制，拓展投融资渠道，才能确保资金投入力度不断增强，总量持续增加，乡村振兴的目标才能更好实现。

一、当前乡镇投融资领域现状

（一）基础设施投入增多，但总体而言仍较为薄弱

农村基础设施是社会主义新农村建设的重要内容，是农村经济社会发展的重要支撑。近年来，乡镇在基础设施建设领域投入不断增加，改善了农村居住环境，便利了群众日常生活。根据国家统计局相关数据，截至2020年底，农村卫生厕所普及率在68%以上，农村水电站发电装机容量和发电量在近十年皆呈上升趋势。但由于历史欠账较多、资金投入

不足、融资渠道不畅等原因，我国农村基础设施总体上仍比较薄弱。例如，农村道路覆盖面扩大，但道路等级较低，绝大多数为等外公路，且缺乏后期养护，水利设施普遍使用年限长久、缺少管护，农村污水垃圾处理规范化程度不深，电信网络覆盖面不够，居民健身娱乐场所匮乏等。

（二）积极展开投融资体制改革探索，但仍存在发展瓶颈

为适应农村现代化建设的需要，建立与其相匹配的投融资机制，许多县级政府都组织了乡镇开展产权改革、产权交易等新形式投融资机制探索。这些措施在一定程度上拓宽了筹资渠道，激发了城镇经济发展活力，但由于农村基础设施普遍公益性强、创造价值有限、资金回收慢，乡镇在投融资领域仍存在部分问题，具体体现在以下几点：

一是相关平台、公司可持续融资能力不足。随着国家对地方平台融资公司进行清理整顿，政府融资职能被慢慢剥离，相关公司朝自负盈亏的市场化运作进行转型，部分乡镇公司因缺乏优质项目、经营性收入和充足现金流等难以满足银行融资要求，后续融资困难。

二是融资渠道单一。乡村发展建设资金和基础设施资金主要来自中央财政投资和配套的地方资金，但受限于地方政府财力，即使是配套资金往往也不能到位。而由于农业投资收益回报较低，作为我国农业和农村建设发展的重要资金来源之一，农户和农村集体经济组织对于农业投资的积极性较低。

三是市场主体单一。在农村，基础设施的市场化运营还处在初期探索阶段，前期投入高，且存在政策风险，对于乡镇政府而言，尚不敢大力引进社会资本，对于社会资本而言，乡镇基础设施建设投资较大、收益较低，且回本时间较长，故不敢贸然进驻乡镇基础设施投资领域。

四是产权交易体系尚不完善。当前一些农村地区已经在地方政府的引导下，逐步建立了农村产权流转交易市场，但产权流转交易市场受重视程度依然不足，具体运行过程中还缺乏有效的指导和监督，特别是主管部门对于流转交易市场并没有建立起完善的管理制度，产权流转交易市场的价值没有完全发挥出来。同时，农村集体产权评估体系尚不健全，县乡两级缺少专业的评估机构，加之部分村集体对于评估机构并不信任、评估费用过高等因素，农村集体经济组织较少聘请评估机构进行集体产权价值评估，集体产权价值更多是由村两委商议决定，由于村两委缺少专业人员，商议出来的结果很容易价格虚高，影响农村集体产权交易。

二、乡村振兴战略背景下促进乡镇投融资的策略

（一）壮大乡村振兴投融资主体

1. 推动地方融资平台转型

总体而言，我国乡镇地区国有企业数量有限，并且以地方融资平台为主要类型。根据国务院 2021 年 4 月 13 日发布的《关于进一步深化预算管理制度改革的意见》，融资平台公司的政府融资功能将被剥离，公司将进行整合。考虑到融资平台公司是地方基础设施建设的重要资金来源，多数地区提出要对转型和整合之后的平台公司给予大力支持，推动平台公司转型为真正能够独立运作、自负盈亏的地方性国有企业。乡镇政府在此背景下，应加快推动地方融资平台转型为服务乡村振兴的市场化运作的国有企业。这些国有企业肩负国家使命，应承担更大的社会责任，将主营方向转入乡村振兴，以符合其自身定位和社会期许。乡镇政府可通过注入优质资产等方式，支持原有政府投资平台在清晰划断政府债务、

完善企业治理结构的前提下转型为市场化运作的国有企业，提升专业运营能力，更多地投向农村基础设施建设和运营领域。

2. 培育和扶持本土农业经营主体

在乡镇中，广泛存在农户、家庭农场、农民合作社，以及各类社会化服务组织等农业经营主体，虽然经营主体多元，但总体经营水平仍有待提升。应在乡镇中大力实施新型农业经营主体提升工程，将家庭农场、农民合作社、各类社会化服务组织等培育成为合格的市场化经营主体，努力建设一支知识型、技能型、创新型农业经营者队伍。引导龙头企业加快转型升级，鼓励企业建立现代企业制度，重点培育一批引领行业发展的"甲级队"和"排头兵"，支持符合条件的涉农企业上市，通过股票市场和证券市场进行融资，提升龙头企业实力和投融资能力。落实好大学生从事现代农业的补贴支持与创业扶持政策，吸引优秀年轻人投身乡村振兴实践。乡镇政府同时做好乡村振兴相关政策解读和宣传，为企业和农业经营主体提供政策解读和金融服务，引导企业和农业经营主体向政策支持领域发展。

3. 培育壮大独立核算的新型农村集体经济组织

重视新型农村集体经济组织，是党中央基于我国"三农"发展变化实际，着眼乡村振兴、推进农业农村现代化而作出的战略部署。乡镇政府应进一步深入推进农村集体产权制度改革，加快建立产权关系明晰、组织机构健全、经营管理规范、具有独立法人地位的新型村级集体经济组织，明确其组织职能和法人地位。应加大对村级集体经济的支持力度，对部分村级集体公共基础建设投入和乡村振兴等领域的刚性支出予以资金支持，对经济效益好的新型农村集体经济组织给予适当奖补。鼓励新型农村集体经济组织合理利用集体资源资产，多渠道筹措经营资金，不断增强村集体经济实力和投融资能力。

（二）建立政府和社会资本合作模式

1. 完善政策支持体系

社会资本能够有效弥补乡村振兴战略的资金缺口，合理引入有助于激发乡村经济活力，因此为引入社会资本乡镇有必要打造良好政策环境。具体而言，一要尽快出台当地促进社会资本参与乡村振兴的实施意见。在不增加政府隐形债务基础上，根据中央、省、市、县财政、土地、金融、税收等优惠政策给予社会资本优惠，发挥政策综合效应，打造法治化、便利化基层营商环境。二要尽快制定社会资本投资准入目录及投资负面清单。坚持"非禁即准、平等待遇"的原则，对于法律、法规未明令禁止的农村投资领域，适当向社会资本开放。通过明确社会资本进入农业农村领域的具体路径和实施细则，增强社会投资者的投资意愿和信心，从而进一步提高社会资本在农业农村投融资领域的占比。三要搭建投资对接服务平台。全面加强招商服务、创业孵化、产权交易、科技支撑、人才集聚等政府服务农业农村领域项目平台建设，为社会资本投资乡村振兴提供综合性服务。

2. 建立具有差异化的激励体系

鼓励社会资本参与农业农村基础设施建设、资源开发、农业生产服务以及农业产业集群等领域，对不同领域采取不同的激励政策。在基础设施建设、环境整治与生态修复等具有公共产品性质的领域，可通过项目补贴、税收优惠等政策手段，积极引导社会资本参与。在农村资源开发领域，应降低交易成本，为社会资本进入营造良好市场环境。在产业发展领域，鼓励社会资本与农民结成利益综合体，实现资金、技术、管理、人才等各方资源要素的优化整合，为乡村振兴提供有力支撑。

3. 引入市场机制，多种形式拓宽投融资渠道

投融资作为市场化的重要形式，仅靠政府之力是远远不够的，必须广泛依靠市场的力量，发挥人民群众的主体作用。一要加强政府与企业合作，尝试多元化投融资模式。采用 BT（建设—移交）、ABS（资产支撑政券化）、BOT（建设—经营—转让）、PPP 等合作模式，建立有偿使用、合理分担的公共服务提供机制。二要通过支持当地大型企业，发挥大企业对人口的集聚作用，注重引导和鼓励居民自发的经济活动，达到推动投融资的目的。三要加强镇区的科学规划和商业基础设施建设。政府投资优先发展交通事业、水电管网等公用基础设施，营造优质的投资服务环境，吸引各地投资者来本地从事经济活动，将闲散的社会资本集聚起来。四要探索多种形式的民间集资，发展合伙企业或集体企业，充分运用民间的闲置资本发展乡村振兴事业。

4. 探索多要素合作，吸引社会资本参与

社会资本参与乡镇投资领域的前提是获得收益，而基础设施建设作为乡镇投融资重点，多为公益性基础设施或准公益性设施，收益回报较低，难以达到金融机构等社会资本的投资条件。地方政府可以引导社会资金将基础设施与其他产业捆绑经营或通过衍生价值收入获得收益，吸引社会资本参与农村基础设施建设。

一方面，应积极探索在相关法律制度框架内，灵活地将符合条件且可以带来经营收入的，特别是与乡村基础设施相关联的产品或项目与农村基础设施捆绑经营，由此获得捆绑经营收益。地方政府可以在符合法律法规的情况下，授权社会资本一定的资源开发权，弥补其收益，或授权其提供相关配套服务，拓展盈利链条。由此形成基础设施与捆绑项目构成的有机体系，提高基础设施提供效率和整体运行效益。另一方面，可以探索在条件具备的地区，通过开发农村基础设施可能的多种使用价值，为农村基础设施绑定或植入能够带来收益的其他产品，或者通过构建基础设施而带动周边资产价格上涨等方式带来收益。捆绑经营收益和衍生价值收入有助于突破"排他性"对基础设施收益的限制，为基础设施投资领域带来更高的收益，以此吸引社会资本加入乡镇投融资领域。

（三）充分发挥财政资金的撬动和引领作用

1. 积极争取上级财政资金支持

乡镇财政部门应树立积极争取上级资金的意识，并进一步加强上下联动性，通过勤汇报、多沟通等有效方式争取专项资金。具体而言，根据中央、省、市及县财政安排的支农重点，积极做好乡镇支农项目对接工作，通过本级预算安排，积极争取中央、省、市及县财政资金支持，主动加强与省、市各农业部门的沟通交流和协调配合。此外，应研读上级与乡村振兴相关的政策，把握投资方向，全面准备好各项资金的申报材料，争取上级项目支持资金最大化。

2. 构建"三农"投入新格局

充分发挥财政支农政策的导向和财政支农资金"四两拨千斤"的作用，把财政支农资金同银行信贷资金的使用结合起来。把发展现代农业作为财政支农工作的重中之重，大力支持农业现代化，落实财政贴息政策，调动和引导社会各方面投入"三农"的积极性。

3. 完善财政资金监管及绩效考核体系

地方政府要加强对乡村振兴财政资金的监管，构建乡村振兴资金管理风险防控长效机制。加强与财政、审计、纪检等部门的合作，形成多部门协同监管格局，共同助力财政资金流动过程规范化。及时公开财政资金使用信息，自觉接受社会监管，进一步提高财政资金使用的透明度。严格项目实施方案编制，全面、科学、认真、细致地编制项目实施方案。

将绩效管理融入乡村振兴资金预算编制、执行和监督全过程,强化绩效考核,建立预算安排与绩效目标、绩效评价结果挂钩的激励约束机制,全面提升涉农资金使用效能。

(四)健全农村金融风险减缓和分担体系

1. 推进农业保险增品提质

一是鼓励保险金融机构开发适应新型农业经营主体需求的保险品种,开发农业保险附加险产品和新保险产品,扩大主要粮食作物及地方特色农作物保险覆盖面。二是创新开展价格指数保险、天气指数保险等新型险种,发挥"保险+期货"功能,拓宽涉农保险保单质押范围和融资功能。三是探索开展投保入股、村集体代保、保险合作社等农业保险新形式。四是鼓励银行等金融机构与保险机构加强合作,推广"信贷+保险"服务模式。

2. 完善农业担保体系

鼓励农业担保公司在乡镇设立分支机构,推动其服务向乡镇延伸。降低"三农"主体担保费率,创新反担保方式,降低融资担保准入门槛。为乡镇新型农业经营主体建档立卡,收集相关信息资料,搭建经营主体与担保公司对接平台,切实打通金融资源流向新型农业经营主体的"最后一公里"。

(五)营造良好农村金融环境

1. 完善农村金融组织体系

乡镇有关部门应多措并举,进一步健全农村金融的组织体系。一是鼓励政策性金融机构及商业银行发挥内部与"三农"相关的金融事业部等的体制机制优势,创新金融产品和服务方式,推进普惠金融发展。二是保持乡镇农村金融机构法人地位和数量总体稳定，推动融资担保、股权交易、金融租赁等机构下镇下乡。三是鼓励和引进符合条件的社会资本参与村镇银行建设，探索设立村镇银行行业组织机构，提供资金融通、信息共享等服务。

2. 完善要素供给保障机制

乡镇应深化农村要素市场改革，完善农村要素供给保障机制，优先满足"三农"发展所需的要素配置，推动资源要素向农村流动，为乡镇融资提供良好物质供给基础。在土地方面，优化土地资源配置，完善设施农用地政策，适度扩大涉农项目建设用地供给，鼓励盘活闲置宅基地和闲置农房等资源。在资金方面，完善农村集体产权权能，加快推进农村产权确权颁证，完善产权价值评估体系，扩大农村抵押担保物范围，积极探索涉农产权抵押融资办法，建立健全农村产权抵押贷款机制。在劳动力方面，建立稳定的农村产业工人和技术人才队伍，定期组织金融知识培训，提高劳动者素质和融资能力。

3. 完善农村信用体系

搭建农村信用环境平台，加快推进农村信用基础设施建设，构建大数据平台，建立乡镇农村信用信息系统。全面开展信用乡镇、信用村、信用户创建活动，依托大数据平台和农村信用信息系统，强化社会综合治理。鼓励金融机构对信用记录良好经济主体的信贷支持，推行守信联合激励和失信联合惩戒机制，构建"守信者处处受益，失信者寸步难行"的信用环境。

4. 加强农村金融领域风险防范

相关部门通过制作专题影视作品、海报，举办展览、金融知识讲座等方式进行宣传教育，提升广大群众对金融风险的防范意识和识别能力。强化对涉农金融活动的风险排查和监测预警，对乡镇违法违规金融活动、非法集资活动及时发现、及时防控、及时打击，维护农村地区金融安全稳定。

（六）推动金融服务农业农村高质量发展

1. 积极寻求政策性金融机构支持

地方政府积极探索与国家开发银行和中国农业发展银行等政策性银行合作交流，扩大政策性长期贷款规模，强化其对乡村振兴建设的支持。鼓励商业银行加大对乡村振兴建设的信贷投放力度，改善农村金融服务。支持金融机构开展收费权、特许经营权等担保创新类贷款业务。

2. 创新对新型经营主体信贷模式

金融机构要将新型经营主体纳入信用评定范围，建立健全符合新型经营主体特点的信用评价体系。规范开展信用评定工作，在风险可控的前提下，充分了解新型经营主体在生产、销售等环节的资金需求，合理确定贷款利率和贷款期限，对新型经营主体给予倾斜和优惠。充分考虑新型经营主体缺少担保物的实际情况，鼓励金融机构开发土地贷、大棚贷、农机贷等信贷产品，对规模较大、资质较好的专业大户、家庭农场、专业合作社等以信用方式发放贷款。

3. 积极稳妥开展农村小微企业信贷业务

引导金融机构建立针对小微企业、农户的信用评审机制，实施信用分类管理，对信用好的小微企业、农户可在授信、利率、服务等方面给予优惠和便利。鼓励金融机构加大对乡镇小微企业信贷支持力度，加强续贷产品的开发和推广，简化办理流程，帮助正常经营的小微企业不因资金周转陷入困境。在风险可控的前提下，鼓励金融机构对符合条件的小微企业采取展期、重组等方式，缓解融资压力。

4. 扶持农业产业化发展

支持发展区域内的大型产业化联合体，积极发展园区型的中型产业化联合体，鼓励发展农业企业、农民合作社与农户联合合作的小型产业化联合体。鼓励金融机构加大对农业产业化联合体成员的信贷支持力度，实施信用等级评估，综合考虑农业产业化联合体财务状况、信用风险、资金实力等因素，合理确定联合体内各经营主体授信额度，实行随用随借、循环使用方式，满足农业产业化联合体差异化资金需求。鼓励银行、保险等金融机构开发符合农业产业化联合体需求的信贷产品、保险产品和服务模式。积极发展产业链金融，支持农业产业化联合体设立内部担保基金，通过"财政资金＋联合体资金＋银行放大贷款"的模式，扩大联合体成员金融信贷需求。

5. 鼓励乡镇创新创业发展

鼓励金融机构为农户创新创业提供信贷支持，增加金融服务网点，方便农户申请贷款支持。鼓励金融机构拓展小额信用贷款业务，探索权属清晰的包括农业设施、农机具在内的动产和不动产抵押贷款业务支持农户创新创业，并通过自助服务终端、电子化等形式，提供简易便民服务，让创业者少跑腿、少跑路。

6. 鼓励推进互联网金融服务

出台互联网金融支持政策，引导各类金融机构合法合规地开展互联网金融服务。鼓励金融机构充分运用金融科技，瞄准乡村振兴重点领域，加大资金投放力度，运用互联网金融破解乡村振兴融资难题。为商业银行互联网金融平台、互联网科技公司、互联网金融公司、涉农上市公司搭建交流合作平台，将银行业的资金优势与互联网公司的信息优势结合起来，加快在经营理念、盈利模式、服务方式等方面的探索创新，共同加大乡村振兴金融供给。

（七）支持乡村绿色发展

1. 支持生态环境建设和保护

结合本地区实际情况，引导金融机构关注地区内生态保护与修复工程。实施大气污染防治行动，加强扬尘污染治理，鼓励社会资本进入农作物综合利用领域，做好农作物回收处理工作。加强对水资源的保护和污染物减排工作，鼓励环保型企业参与治理与保护。在严格保护生态资源不受破坏的前提下，引导金融机构为相关企业、农民专业合作社、家庭农场、专业大户等新型经营主体生态建设投资提供信贷支持。

2. 支持绿色产业

积极探索发展之道，因地制宜选择适合当地发展的特色绿色产业，坚持融合发展、创新发展，推动农业绿色产业与工业、新型服务业融合，与旅游、文化、健康产业融合，加快用绿色产业改造传统产业。加大项目引进力度，组织召开项目洽谈会，打造交流对接平台。鼓励延长产业链，促进产业多元化发展，推动全镇传统农业向现代农业转变。打造绿色产业示范基地、文化休闲度假田园等，打造示范乡镇。积极创建乡镇品牌，加大宣传力度，帮助本土产业开阔市场。

3. 增加绿色发展资金投入

通过政策和财政资金的引导，完善绿色金融供给体系，以激励机制引导银行创新绿色信贷产品和服务，为农业绿色技术研发应用和农村生态保护与治理等项目提供信贷支持。同时，有条件的乡镇可以和社会资本联合设立区域性绿色发展基金，发掘具有商业价值潜力的乡村绿色项目，为乡村绿色发展提供动力。

〔第四篇〕

"穷乡僻壤也能变成世外桃源"

谈用好生态资源

加快生态振兴
打造"金山银山"

近些年来，我国农业综合实力显著提升，农民收入大幅增加，现行标准下农村贫困人口全部脱贫。农村人居环境整治三年行动任务如期完成，乡村面貌焕然一新。在污染防治攻坚战中，通过碧水保卫战，加强农业面源污染防治，累计完成13.6万个建制村环境整治；通过净土保卫战，确保完成农用地安全利用和污染地块安全利用两个90%的目标，完成了农用地的土壤污染状况详查。不少乡村依靠独特的田园风景发展旅游业，给农民带来了实实在在的经济效益。脱贫攻坚取得胜利后，党中央决定举全党全社会之力接续推进乡村振兴战略，这是"三农"工作重心的历史性转移。乡村振兴是包括产业、人才、文化、生态、组织等在内的全面振兴，其中重要一环就是践行"两山"理论，加强农村生态文明建设，建成生态宜居的美丽乡村。如何推进农村生态文明建设？如何建设生态宜居美丽乡村？具体来说，需要大力推进以下几个方面的工作：一是推进乡村生态系统保护与修复；二是加强农村环境污染综合治理；三是持续改善村容村貌；四是创新推动生态资源价值实现。

一、大力推进乡村生态系统保护与修复

中共中央、国务院印发的《乡村振兴战略规划（2018—2022年）》中指出，大力实施乡村生态保护与修复重大工程，完善重要生态系统保护制度，促进乡村生产生活环境稳步改善，自然生态系统功能和稳定性全面提升，生态产品供给能力进一步增强。因此，乡村生态保护与修复是实现乡村生态振兴的重要任务，应以解决威胁乡村生态环境的突出问题为突破口，以提升乡村生态环境整体质量和承载力为主线，全面提升生态环境保护和治理能力，促进乡村生产生活环境的稳步持续改善，助力乡村全面振兴。

（一）乡村生态系统重在保护

乡村生态振兴，须首先牢固树立生态保护意识，牢固树立绿水青山就是金山银山的绿色发展理念，同时要加强农产品产地环境保护，做好农业资源养护，建立健全乡村生态环境保护制度体系，推动乡村生态系统保护取得新进展

1. 加强农产品产地环境保护

农产品产地环境是农业生产的基础条件，农产品产地安全是农产品质量安全的根本保证。加强农产品产地环境保护，一是要加强污染源头治理，开展重金属企业排查，严格执行环境标准，加强灌溉水质管理，严禁工业废水、城市污水灌溉农田。二是要开展土壤污染排查，明确土壤污染防治重点区域，实现分类管理。三是对于污染土地分类施策，合理利用中轻度污染耕地，严格管控重度污染耕地。

2. 做好农业资源养护

农业资源养护工作是实现农业可持续发展的关键。推动农业资源养

护，一是要加快发展节水农业，优化品种结构，扩种耗水量小的农作物，大力发展雨养农业，推进高标准节水农业示范区建设。二是要进行耕地质量保护和提升，持续推进高标准农田建设，采取精准激励措施鼓励轮作休耕制度。三是要强化农业生物资源保护，加强动植物栖息地和保护区建设。

3. 加快构建乡村生态环境保护制度体系

制度才能管根本、管长远。《乡村振兴战略规划（2018—2022年）》明确指出，要健全重要生态系统保护制度。具体而言，需建立和完善以下制度：一是完善天然林和公益林保护制度，进一步细化各类森林和林地的管控措施或经营制度。二是完善草原生态监管和定期调查制度，全面落实草原经营者生态保护主体责任。三是完善荒漠生态保护制度，加强沙区天然植被和绿洲保护。四是全面推行河长制湖长制。五是推进河湖饮用水水源保护区划定和立界工作。六是严格落实自然保护区、风景名胜区、地质遗迹等各类保护地保护制度。

（二）抓好乡村生态系统修复治理

1. 扩大和巩固退耕还林还草成果

退耕还林还草是治理我国水土流失和土地沙化的重大生态修复工程。按照《新一轮退耕还林还草总体方案》的要求，截至2020年末，我国已将具备条件的坡耕地和严重沙化耕地约4240万亩退耕还林还草。《乡村振兴战略规划（2018—2022年）》明确要求"扩大退耕还林还草，巩固退耕还林还草成果"，还要求"退牧还草"和"退田还湖还湿、退圩退垸还湖"。新一轮退耕还林还草应遵循以下原则：一是坚持农民自愿，退不退、还林还是还草、种什么品种完全由农民自己决定，政府做好引导，不搞"一刀切"；二是因地制宜，尊重规律，宜乔则乔、宜灌则灌、宜草则草；三是合理确定范围，稳步推进；四是加强监管，确保质效。

2. 推进农村"四荒"治理

治理"荒山、荒沟、荒丘、荒滩"是提高植被覆盖率、防治水土流失和土地荒漠化、改善生态环境和农业生产条件的重要举措。推进"四荒"治理，要严格实行谁治理、谁管护、谁受益原则，在经治理的"四荒"地上种植的林果木等农产品归治理者所有，新增土地所有权归集体，在规定期限内保持治理者使用权不变。地方政府要组织编制"四荒"治理规划，组织技术培训，提供社会化服务，大力推广治理经验和成果。

3. 加强矿山地质环境修复和综合治理

矿山地质环境是乡村生态环境的重要组成部分，在综合治理过程中，要充分发挥财政资金引导带动作用，鼓励社会资本参与，按照"谁治理、谁受益"原则，构建"政府主导、政策扶持、社会参与、开发式治理、市场化运作"的矿山地质环境修复和综合治理新模式。矿山等资源开发收益是乡村振兴的重要资金来源，各地应积极探索将矿山地质修复治理收益用于支持乡村振兴各项事业的有效路径，实现公益性事业与矿山资源开发的有机整合，打通利益联结机制，从生态和经济两方面对乡村振兴形成有力支撑。

（三）统筹山水林田湖草系统治理

十九大报告要求，统筹山水林田湖草系统治理，实行最严格的生态环境保护制度。习近平总书记也多次强调，山水林田湖草是一个生命共同体。山水林田湖草等自然资源是一个生命共同体，需要统筹安排、严格治理。

1. 牢固树立山水林田湖草生命共同体理念

山水林田湖草系统治理生命共同体的核心要义是树立自然价值理念，

确保生态系统健康和可持续发展，要从过去的单一要素保护修复转变为以多要素构成的生态系统服务功能提升为导向的保护修复，按照生态系统的整体性、系统性以及内在规律，分层次、分区域开展保护修复，推进生态系统由"疾病治疗"到"健康管理"的转变。

2. 深刻理解山水林田湖草生命共同体的基本内涵

山水林田湖草生命共同体具有多维性、整体性、功能性和均衡性等特征。多维性即"共同体"涉及农田、村庄、城镇、流域等多个维度，不同维度的生态系统具有不同的结构和功能特征；整体性和功能性即"共同体"相互影响、相互制约，是不可分割的功能主体；均衡性充分体现了空间均衡理念，要求各个生态要素各守其位，均衡发展。生态保护需要分析评价不同尺度景观格局下，生物迁移、污染物传输等诸多生态过程的相互关系，按照"源—汇"生态过程调控原理，因地制宜采取加速、延缓、阻断、过滤、调控等管理和技术工程手段，实施系统性保护修复。

3. 统筹山水林田湖草系统治理的相关原则

统筹山水林田湖草系统治理，一是要打破行政区划、行业管理等生态要素界限，推进生态系统整体保护、综合治理、系统修复。二是要因地制宜、突出特色。围绕不同地区不同生态系统结构特征，制定差异化的保护修复方案和实施路径。充分挖掘当地生态资源优势和生态文化资源禀赋，设计生态旅游、生态农业等特色产业发展方案，提高绿色发展水平。三是要完善体质机制，实现长效管理。按照我国生态文明体制改革总体方案要求，进一步完善自然资源产权制度、国土空间开发保护制度、资源总量管理和全面节约制度以及自愿有偿使用和生态补偿等制度。强化绩效评估和考核，形成生态保护修复长效机制。

二、持续加强农村环境污染综合治理

污染防治是三大攻坚战之一。《中共中央 国务院关于全面加强生态环境保护 坚决打好污染防治攻坚战的意见》明确要求打好农业农村污染治理攻坚战。加强生态环境保护、坚决打好污染防治攻坚战是党和国家的重大决策部署。

（一）开展农业生产环境污染综合治理

农业环境污染治理，不仅是实施乡村生态振兴战略的内在要求，也是发展绿色农业、践行绿水青山就是金山银行理念的必然要求。

1. 开展养殖污染综合治理

一是推进养殖生产过程清洁化和产业模式生态化，优化调整畜禽养殖结构，推进规模养殖场精细化、标准化管理。二是加强畜禽粪污资源化利用，引导和支持规模化养殖场改进技术和设备，开展专业化集中处理。三是严格畜禽规模养殖环境监测，将规模以上畜禽养殖场纳入重点污染源管理名单，分类严格执行相关环评、排污许可制度。四是加强水产养殖污染防治和水生生态保护，推进健康养殖、节水减排，完善尾水排放标准。五是提高沼气和天然气利用效率，推动以畜禽粪污为主要原料的能源化、规模化、专业化沼气工程建设，促进农村能源发展和环境保护。

2. 开展农业生产化肥减量行动

一是推进测土配方施肥，扩大实施范围，基本实现主要农作物测土配方施肥全覆盖。二是推进施肥方式转变，推广机械施肥和适期施肥技术，实施水肥一体化。三是推进新肥料新技术应用，重点开展农作物高产高效施肥技术研究和新产品、新农业装备研究。四是推进有机肥资源利用，支持规模化养殖企业利用畜禽粪便生产有机肥，推进秸秆养分还田，因地制宜种植绿肥。

3. 开展农业生产农药减量行动

一是做到科学用药。使用高效低毒低残留农药，扩大低毒农药补贴范围，逐步淘汰高毒农药。推广使用高效植保机械，降低飘移损失，提高农药利用率。普及科学用药知识，培养一批科学用药技术骨干。二是坚持示范引领。着力建设一批绿色防控示范区，推进专业化统防统治与绿色防控融合，实现农作物病虫害全程绿色防控的规模化、规范化作业。三是提升服务水平，加强对防治组织的指导服务，及时提供病虫测报信息与防治技术。

（二）开展农村人居环境综合整治

改善农村人居环境，建设美丽乡村，事关广大农民根本福祉。但目前我国农村人居环境发展整体上还很不平衡，脏乱差问题在一些地区比较突出，与农民群众的期盼还有较大差距，需整合多方资源、强化各项举措，加快推进农村人居环境综合整治。

1. 开展"厕所革命"

习近平总书记曾指出，厕所问题不是小事情，是城乡文明建设的重要方面，不但景区、城市要抓，农村也要抓，要把这项工作作为乡村振兴战略的一项具体工作来推进，努力补齐这块影响群众生活品质的短板。到 2020 年末，东部地区、中西部城市近郊区有基础、有条件的地区已基本完成农村户用厕所无害化改造，厕所粪污得到处理或资源化利用。但中西部地区仍有相当部分农村地区厕改普及率有待提升。

在推进过程中，一是要加强厕所规划设计，开展摸底调查，广泛听取群众意见，将厕所纳入乡村规划，建立县、乡、村厕改工作统一电子台账。二是整村推进示范引领，全面推进乡村中小学、卫生院、社区综合服务站、集贸市场、旅游景区、公路沿线等区域的无害化卫生公厕建设。以行政村为单位，整村推进实施，优先安排城郊村、旅游村、饮用水源地保护区和贫困村。三是加强宣传引导，厕改是一项牵涉多方的庞大社会工程，要加大宣传引导，倡导健康文明生活方式，增强人民群众参与"厕所革命"。四是健全长效管护机制。坚持"三分建设、七分管护"，切实落实公厕管护的责任主体，完善管理制度，明确管理人员，做好日常维护和保洁工作。

2. 开展农村垃圾综合治理

随着农村经济快速发展和农村消费方式转变，农村生活垃圾排放量与日俱增，生活垃圾类别日益复杂，加之村民居住分散、环保意识淡薄以及长期投入不足，农村地区生活垃圾处理问题日益严峻，已成为农村基本公共服务的短板。

推进农村垃圾综合治理，一是要明确农村垃圾治理中的责任主体，包括垃圾产生与排放主体、处理服务主体和行政管理部门三方，均衡相关利益方，兼顾效率与公平，赋予乡镇政府相对自主的地位，建立符合地方实际的垃圾收运处置体系。二是要加大财政保障力度，整合涉农资金向垃圾治理倾斜，实行"以奖代补"，根据受益原则，适度向受益村民收取处理费用，降低财政支出压力。三是实施村民激励机制，通过积分奖励、星级评比、物质奖励等激励方式，实现垃圾分类的"要我分"到"我要分"的转变。四是创新垃圾利用模式，采用微生物发酵或太阳能普通堆肥等技术手段，将可堆肥垃圾制成有机肥料，实现循环利用。五是建立长效机制，基本按照"户分类、村收集、镇中转、县处理"城乡一体化模式总体要求，将公共服务向农村延伸，建立县、乡、村三级保洁管理体系，推行网格化、集约化管理。

3. 推进农村生活污水治理

《农村人居环境整治三年行动方案》明确要求"梯次推进农村生活污

水治理"。农村生活污水治理，是改善农村人居环境、深化生态文明建设、提升农民群众生活品质的必要举措。

推进农村生活污水治理，一是要坚持规划先行，统一布局。制定农村生活污水治理规划，充分改造利用已建管渠。二是坚持因地制宜。在距离城镇较远且人口密集的乡村，开展污水集中处理设施建设；在偏远人稀的村庄，推广终端污水处理设施。充分利用乡村地形条件，实行短线顺势排水，减少管道迂回，保证良好的水力条件，降低污水治理成本。三是推进乡村水环境综合治理。实施黑臭水体整治行动，降低废水污染负荷，实施乡村河流生态修复工程，以房前屋后、村内河塘沟渠为重点，实行清淤疏浚和全面治理，确保渠塘洁净和通畅。开展乡村生活污水源头减量和尾水回收利用行动，推行人工湿地、氧化塘等生态处理模式，提高生活污水治理率。乡村生活污水净化后可用于农田灌溉，实现村庄废水的循环再利用。

4.加强农村饮用水水源保护

农村饮用水安全直接关系广大农民群众的生产生活，为更好地实现乡村振兴，加强农村饮用水水源保护显得尤为重要。

在具体措施上，一是在科学选用水源的前提下，加强农村饮用水水质监测，充分考虑农村监测力量和监测手段薄弱的实际情况，合理安排监测重点，做到常规监测和应急监测相结合，实施从源头到水龙头的全过程控制，落实水源保护、工程建设以及水质监测"三同步"原则。

二是强化基层水资源管理队伍建设，切实加强机构、人员以及设备等方面的能力建设，推动水资源保护执法工作制度化、常态化。积极引导农民参与水源长效管护，发挥好村民自治组织作用，在制订水资源保护计划、筹资筹劳、工程竣工等环节主动接受群众监督，组建专门队伍负责专业化程度较高的养护任务，使保护制度更结合实际、更具体、更可行。

三、持续改善村容村貌

乡村生态保护与修复、农村环境污染治理改善的是大环境，改善村容村貌则是关注农村居民所在的小环境。重点是抓好乡村公共空间整治工作，建设舒适、整洁、绿色、优美的生活环境。

（一）实施美丽乡村建设

1. 全面实行乡村绿化建设

一是全面实施绿化工程。在乡村公路、河道、村庄周围以及重要水源地、生态屏障建设区等，实施植树造林种草绿化工程，增加植被覆盖面积。加强村庄人口聚居地和公共空间的绿化建设，鼓励房前屋后种植果木，提高乡村的整体绿化水平。二是充分利用乡村闲置土地，开展植树造林、种草、恢复湿地等活动，推动具有乡村特色的绿化景观建设。三是严格保护乡村古树名木，推广乡土树种，强化农田防护林建设。四是加强环保宣传，号召村民积极参与乡村绿化工作，搞好家庭的庭院绿化。

2. 抓好公共空间和庭院环境整治

一是大力整治农村公路、河道环境，整治垃圾乱倒、粪便乱堆、畜禽乱跑、柴草乱放、污水乱排的"五乱现象"。二是整治居民庭院内外环境卫生，严格落实"门前三包"责任制，对农户房屋前后杂物、围栏、臭水沟、坑洼地等，通过绿化、开辟菜地、配置竹篱围栏等措施进行规范整理。三是整治养殖区域环境卫生，对畜禽粪便和污水等废弃物进行无害化处理和资源化利用。四是消除私搭乱建，做好拆违后土地综合利用，涉及耕地的予以复耕，涉及林地的予以复绿。五是培育健康文明的生活方式，倡导文明、和谐社会风尚，使优美的生活环境、文明的生活方式成为农村居民的自觉要求。

（二）展现乡村特色风貌

建设生态宜居乡村，要着力弘扬乡村历史文化，保护乡风民俗，展现乡村特色风貌。按照"村在景中"的规划理念，对村庄的村落风貌、乡土风情、建筑风格、田园风光、特色产业、基础设施进行个性化的指引，做到保护自然生态、保留乡村风貌、体现乡村味道。

具体到措施上，一是充分利用乡村的山林、河流、湖泊、湿地等资源和乡村文化资源，开展各种户外竞赛活动和休闲娱乐活动。二是开发乡村文化创意产品和土特名优产品，构造乡村文化产业链条，提升乡村文化价值。三是发展乡村旅游，在具有条件的地区，建立旅游度假村，包括乡村酒店、民宿等。以乡村生态旅游为主线，将农业园区体验活动、民间艺术、传统民俗、休闲娱乐等乡村文化产业项目结合起来，提供特色文化服务，吸引更多的外地和城市游客来到乡村，体验乡村文化，推动乡村旅游的发展。

四、创新推动生态资源价值实现

让绿水青山成为金山银山，关键要做好转化文章。各地要立足自身优势，以生态环境友好和资源永续利用为导向，在保护性开发的基础上，深度挖掘发展潜力，盘活乡村各种资源，大力构建"生产＋"产业体系。

（一）生态资源价值实现的重点任务

1. 进一步完善生态资源价值实现的补偿机制

一是要制定科学合理的生态补偿标准。进一步出台详细、操作性较强的量化细则。由于各地区实际情况差异较大，可按区域、分类别渐进式推进。二是扩大生态补偿的范围，努力实现森林、草原、湿地、荒漠、耕地等重点领域和重点生态功能区生态保护补偿全覆盖。三是加大生态保护补偿的力度。建立稳定投入机制，多渠道筹措生态保护补偿资金。建议提高均衡性转移支付系数，明确建立国家财政生态转移支付稳定增长机制，对重点生态功能区内的基础设施和基本公共服务设施建设予以倾斜。同时，积极探索开发性和政策性金融、债权、生态彩票、生态基金、信托基金等其他融资形式，作为补偿资金来源的辅助渠道。四是构建跨地区跨部门合作机制。建立跨地区跨流域受益地区与生态保护地区的横向生态补偿机制。政府可为受益方和受损方提供建议指导，让双方直接交易，协商选择资金补偿、产业转移、异地开发、技术援助、就业帮扶、共建园区等补偿方式，充分调动地方生态环境保护的积极性。

2. 探索完善生态产品价值实现的市场化方式

一是要培育建立生态产品市场体系。建立推广政府和社会资本合作方式，培育综合性生态环境服务企业，推行生态环境污染第三方合作。推动国有资本加大在环境治理和生态环境保护等方面的投入。积极培育生态产业化经营主体，促进生态产业与现代农林产业经营主体融合，培育"生态+"新型业态。二是完善生态产品市场机制。继续推行碳排放权、排污权和水权等交易制度。合理推进跨行政区排污权交易，扩大排污权有偿使用和交易试点。夯实水权确权交易基础，健全水权确权及交易制度，加快水法规制定修订工作。三是试点组建生态银行。建议在国家重大工程项目建设中，例如公路、高铁修建占用湿地方面进行试点，培育市场化生态修复工作，探索生态资源配额交易，构建市场化的生态银行制度。

3. 建立健全生态产品价值实现的制度基础

一是建立自然资源资产产权制度。加快建立统一的确权登记系统和权责明确的产权体系，清晰界定国土空间内各类自然资源资产的产权主体，探索自然生态空间环境权、发展权、管理权登记的形式，妥善解决确权登记中存在的难点和问题。二是建立生态资产核算和评估制度。出台自然资源资产核算通则，确定不同功能生态产品的价值核算方法和技术规范，解决定价方法和定价机制问题。健全完善生态环境损害评估制度，制定相关法律和技术规范，培育生态价值评估中介机构。三是加强绿色产业、产品体系建设，建立统一的绿色产品标准、认证、标识体系。进一步加大对绿色产品研发生产、运输配送、购买使用的财税金融支持力度和政府采购政策支持力度。

（二）建立健全生态产品价值实现的支撑保障体系

1. 加强相关理论研究与支持

重点加强在自然资源资产产权、资产管理、资产负债表、资源环境承载能力、市场化生态补偿、生态环境损害赔偿等方面的理论研究，探索将绿水青山转化为金山银山的理论路径。

2. 完善生态监测调查体系

生态环境主管部门制定生态监测规范，会同有关部门建立监测网络，建立生态监测调查体系、生态监测数据质量保障责任体系和数据共享机制。进一步完善绿色统计调查制度，明确界定与国际接轨的绿色范畴、分类、标准与规范，开展相关指标如绿色产业、绿色就业、绿色金融、绿色 R&D 投入、绿色税收以及绿色支持等的分区域、分产业、多层次统计工作。

3. 加大资金投入和人才支持力度

一是各级财政建立稳定投入机制。中央财政要加大对生态环境领域国家事权的稳定连续投入，增加对重点生态功能区的转移支付力度。建立生态保护成效与资金分配挂钩的激励机制，鼓励各类投资进入生态环保市场。二是加大对生态资源确权登记、资产核算、资产管理、资源统计、审计等相关领域高技能人才和复合型技术人才队伍的建设。

以全域旅游撬动乡村振兴

近年来，随着我国社会经济的进一步发展，人民群众生活水平的进一步提高，精神文化生活方面也有了进一步的追求。2016年7月，习近平总书记在视察宁夏时指出，宁夏发展全域旅游的路子是对的，要坚持走下去。2020年10月29日，党的十九届五中全会通过《中共中央关于制定国民经济和社会发展第十四个五年规划和二〇三五年远景目标的建议》，指出：推动文化和旅游融合发展，建设一批富有文化底蕴的世界级旅游景区和度假区，打造一批文化特色鲜明的国家级旅游休闲城市和街区，发展红色旅游和乡村旅游。由此可见，乡村旅游是乡村振兴的重要组成部分。全域旅游以旅游业为优势产业，整合区域内各种资源，促进产业、就业、创业的融合发展，从而带动地方社会经济的发展。在目前乡村振兴战略的背景下，全域旅游是实现乡村振兴的有效路径之一。因此，如何因地制宜发展全域旅游，推进乡村振兴产业发展，是地方政府需要深入思考和解决的问题。

一、全域旅游发展现状

全域旅游提出以来，全国上下形成了特色突出、百花齐放的全域旅游创建格局。中央层面对全域旅游工作表达了充分肯定，对全域旅游示范区的评定及验收标准以及全国旅游的发展现状进行了解读。目前，全国已确定 500 个全域旅游示范区创建单位，在各省市全域旅游规划顶层设计下，旅游不断与农业、交通、教育、工业、健康、冰雪等行业跨界融合；红色旅游、田园综合体、乡村旅游、温泉旅游、康养旅游、冰雪旅游等旅游新业态新产品的竞相发展，也促使旅游的内涵和外延不断扩大，旅游业态全面升级。随着从中央到地方多项有关全域旅游新政策、新举措密集落地，旅游消费的需求呈现爆发式增长。发展全域旅游，推进旅游发展全域化、旅游供给品质化、旅游治理规范化、旅游效益最大化，已成为当前旅游业发展的重要趋势。据测算，2019 年（2020 年受疫情影响不作参考），国内旅游人数达 60.6 亿人次，同比增长 8.4%，成为全球最大的国内旅游市场，是推动国家经济增长的新动力。

从我国现有的全域旅游的开发模式上看，可以分为以下几个类别：一是开发全域景区，即把区域当成一个大的景区来规划，区域内所有要素风景化，打造休闲、娱乐、观赏、学习等各项功能一体化的园区，将区域内一切要素转化为吸引游客的旅游资源。二是通过龙头景区带动，即在区域内打造龙头景区，利用龙头景区的影响力辐射周边区域，拉动周边产业，同时周边修建配套基础设施或提供相应公共服务，为龙头景区做支撑和补充，实现互利共赢。三是通过核心城市辐射全域，即依托核心城市的知名度、便捷交通和其他配套设施，辐射周边乡村，将城市的游客引流至周边乡村，促进城市乡村旅游一体化，联动乡村发展。四是通过特色资源驱动，即在区域内选择普遍存在又颇具当地特色的文化资源为核心卖点，实现旅游产业、文化产业、体育产业等相关产业的大融合，形成一个特色鲜明的旅游区域，用旅游产业带动区域内各产业的多维发展。

从空间上来看，全域旅游主要集中分布在东部沿海地区、中部地区和西部的四川、云南、新疆等地区，与我国旅游热点区域分布基本吻合。其中，东部地区132家，平均每省约13家，总面积19.4万平方公里，总人口9341万；中部地区142家，平均每省约24家，总面积27.6万平方公里，总人口7727万；西部地区170家，平均每省约14家，总面积107万平方公里，总人口7082万；东北地区56家，平均每省约19家，总面积30万平方公里，总人口2708万。

二、全域旅游发展存在的问题

（一）旅游资源等要素整合不全面

虽然目前全国都在推动全域旅游的发展，但仍然有不少地方政府对全域旅游发展潜力的认识水平有待提高。与传统旅游不同，全域旅游应谋划整体和全局，形成统一的规划和发展思路，整合各种资源的优势，形成互补。目前，许多地方景区发展协同度低，各家景点"各扫门前雪"，景区景点分散化程度高，同一地区景区与景区之间缺乏有效的联系，旅游品牌建设过于分散，历史文化资源欠开发，上下游产业未能形成融合效应。执行部门对政策的具体实施效果不明显，顶层的设计与基层的实践之间存在差异，有了好的大脑，但缺少有力的触手，地方资源未能切实地形成统一合力，阻碍地方全域旅游的统筹发展。

（二）全域旅游相关配套不完善

全域旅游涉及地域较广，从我国目前全域旅游发展的地域空间来说，相较于东部地区，中西部地区存在部分景点交通条件较差、游客时间成本较高，道路、停车场、垃圾污水处理等公共服务配套设施匮乏等差距，游客无法在用户体验上与景区形成"互动"，造成景区反馈差，回头客较少等情况，大大阻碍了景区品牌的创建。同时，旅游软硬件设施设备智能化程度低，在如今传统旅游产业转型升级的背景下，难以吸引游客，形成"流量"。

（三）投资机制不健全

目前，部分地区创建全域旅游依然存在依靠"大财政"的思想，基础设施、配套服务、人员引进都依靠政府资金，缺少投资运营的理念。全域旅游是一个面向市场的模式，其核心的逻辑在于统筹资源—供需互补—质量提升—推向市场，是一种可以实现盈利的模式。因此，如何引进专业的投资、用好专业的投资是地方政府需要考虑的问题。同时，部分地方政府引进了社会投资者，但没有用好社会投资者，资本引入后仅停留于使用层次，运用在扩大上下游产业发展的资金比较匮乏。民营资本的准入门槛较高、限制较多。在投资引入后，缺乏有效的评判和考核机制，缺乏系统性配套支持政策，导致很多社会投资项目"流产""烂尾"。

（四）人才吸引和培养体制不完备

一方面，随着城镇化的快速推进，一大批有文化、有知识、懂技术、高素质的农村青壮年劳动力涌入一线城市，留守农村的人口仅剩下老少妇孺，劳动力缺乏，旅游发展专业人才更是匮乏。另一方面，虽然国家加大职业教育的支持力度，但大部分院校培养的旅游人才未能真正进入农村，这主要与相关吸引人才的体制机制不完善有关。同时，旅游行业不确定性较大，在经济待遇方面，未能有与城市中其他行业竞争的吸引人才的优势。

三、乡村振兴战略视角下全域旅游的发展策略

基于全面实施乡村振兴战略、实现中华民族伟大复兴的内在需求，必须把全域旅游的内在潜力激活，从资源整合、配套建设、资金人才的引入和使用等方面入手，实现全域旅游对乡村振兴的有效推动。

（一）统筹资源、优化布局，高标准谋划全域化的乡村旅游产业体系

1. 优化统一协调全域旅游顶层设计

地方政府应因地制宜，结束各景点"各自为政"的发展形势，形成多区域联动、多行业互为支撑的新模式。结合本地产业、资源，遵循乡村发展自然规律，形成高质量融合发展的全域旅游规划。自上而下，建立全域旅游发展"党政统筹"领导机制，构建乡村旅游全域空间规划体系，实行差异化乡村旅游层级导向，准确定位乡村发展方向和旅游主题，科学制定乡村旅游建设详规，合理布局产业要素，保证各地全域旅游实施有理可循、有据可依。

以瑞金市为例，为了实现全域旅游发展目标，瑞金市严格按照"一年求突破、两年出成绩、三年追赶超"的行动方略，研究出台了《瑞金市红色旅游高质量跨越式发展三年行动计划（2018—2020年）》《瑞金市发展星级酒店优惠奖励办法》《瑞金市促进红色培训发展三年工作计划（2018—2020年）》《关于提升改造我市红色演艺工作（三年计划）的实施方案》以及一系列针对红色培训、酒店、民宿、旗舰店的扶植奖励政策。

设立 6000 万元旅游发展专项资金，出台金融融资、贷款贴息、旅游发展补助等政策，鼓励各要素发展。科学编制《瑞金市全域旅游总体规划》《瑞金市城市形象提升规划设计方案》等，成立了瑞金市党政主要领导挂帅、部门联动的全域旅游推进工作领导小组，从顶层设计层面推动全域旅游由"部门推动"向"党政统筹"转变，并把旅游工作纳入年度考核体系，建立国家全域旅游示范区创建工作联席会议制度和督查考评机制，构建了城、乡两级全域旅游社会综合治理体系，形成了全市文化旅游发展"一盘棋"的良好工作氛围。瑞金市自 2016 年 11 月被列为国家全域旅游示范区创建单位以来，全市现有国家 5A 级旅游景区 1 家、国家 4A 级旅游景区 2 家、国家级风景名胜区 1 家、全国农业旅游示范点 1 家、国家一级博物馆 1 家、江西省 4A 级乡村旅游点 3 家。2019 年，全市旅游接待人数为 1831.2 万人次，年旅游总收入达到 101.7 亿元，旅游产业增加值占 GDP 的 61.3%。

2. 聚焦产业融合，支持培育全域旅游新业态

各地政府应发挥引导作用，引导全域旅游发挥在本地一、二、三产业中的融合作用，培育全域旅游新业态。第一产业方面，培育"农旅 + 文旅"新业态，促进与农业产业园区、农产品基地融合；第二产业方面，促进与手工业制造、农产品加工的融合，延伸产业链；第三产业方面，促进与民宿酒店、农产品及乡村文创产品销售平台的融合。

以云南楚雄市为例，楚雄市双柏县坚持以全域旅游理念为引领，以加快产业培育为着力点，紧紧围绕打造"养生福地、生态双柏"品牌，突出生态资源优势和民族文化资源优势，逐步探索和构建全域旅游发展新格局。楚雄市政府不断推动"旅游 + 产业"融合，充分挖掘"中国民族文化艺术之乡"的民族文化优势，不断深化文旅融合，以节促旅。目前，中国彝族虎文化节、鄂嘉中元节等节日已经成为双柏县的一张张亮丽名片。积极推广双柏民歌、舞蹈，在查姆湖等重点景区、城市中心广场常

态化开展文艺活动，吸引更多游客驻足体验。充分发挥双柏突出的康养资源优势，积极探索"旅游＋农业""旅游＋康养"的产业发展模式，大力发展农业观光游、农业休闲游、森林康养游。

（二）补齐短板、依托新基建，高质量完善乡村基本公共服务体系

1. 支持乡村基础设施建设，优化乡村公共服务功能

基础建设是发展旅游的重要基础条件，交通便利情况、停车便利情况、如厕环境、垃圾处理情况、互联网设施情况等都会对乡村旅游产生重要影响。基础设施薄弱无法形成强有力的乡村旅游品牌，甚至让旅客造成较大的心理落差，影响旅游的观感和体验。

近年来，随着社会经济的不断发展，乡村地区的旅游基础设施建设取得巨大发展和长足进步，但是发展仍不够均衡，发展势态较好的乡村旅游区道路交通、停车设施、住宿餐饮等公共基础建设发展较为完善，而发展较为落后的点状、块状分布的偏僻地区基础设施较为落后。

通过加大对这些相对落后贫困地区的旅游扶贫力度，统筹旅游资源，引进外来资金，完善基础设施，建设美丽乡村景点，盘活旅游资源，让这些"天生丽质"的资源，在后天升级打造的基础设施的基础上，能充分依靠自身的乡情风俗、村居民落、古迹院落、遗址故地等，得到充分开发和发展。同时，优化人居基础设施环境，加大对乡村垃圾处理设施、污水处理设施、景区厕所等旅游休闲配套公共服务设施的建设。完善乡镇医疗卫生基础设施，推动城乡医联体建设，满足游客、村民的基本公共服务需求。

2. 依托新基建，推动乡村智慧旅游建设

打造全域智慧旅游平台，充分利用多种现代信息化手段，强化配套服务建设，建设旅游云服务平台，整合监管、门禁、票务系统，及时准确掌握游客活动信息，为游客提供一站式、一体化的便利服务。借助人

工智能和 VR 技术，打造沉浸式体验区，让游客从时间和空间两个维度上感受当地风采。吸引互联网龙头企业支持全域旅游与大数据技术、5G 等深度融合，实现产、学、研与农户的直接对接。

以天津市西青区为例，多年来，天津市西青区各级部门认真贯彻习近平总书记的重要讲话精神，切实将思想和行动统一到党中央的决策部署上来，紧紧围绕建设"网络强国"这一长期目标，不折不扣抓好落实，找准创新点和突破点，认真思考发展出路，着力突破发展瓶颈，持续推进数字乡村建设。加快智慧旅游管理平台建设，高标准建成西青区智慧旅游应急指挥监控平台，以西青区 6 个 4A 级景区为重点，利用人脸识别等技术实现对人流、车流实时监测、统计、预警，实现了与国家、市、区三级平台系统对接。启动智慧旅游综合服务平台建设，开发建设了西青区旅游手机客户端 APP 应用平台，通过"互联网＋手机终端"的模式，对全区旅游景区、住宿、餐饮、购物、娱乐等八大模块资源实现了有效整合。启动建设西青区全域旅游手绘电子导览图项目，完成了西青区全域手绘电子地图、全域智慧导览 H5 系统线下二维码入口，以及吃住行游娱购旅游资源板块、卡通人物设计、行政区域图、交通路线图线上平台综合展示和推广的落地使用。

（三）政府搭台、企业唱戏，积极创新全域旅游投资体系

1. 出台乡村旅游投资配套优惠政策

各级政府应当推动全域旅游改革向纵深发展，放宽全域旅游领域投资市场准入，为投资企业出台减税降费政策，为旅游企业的发展保驾护航。加大财政专项资金的投入力度，联合金融机构，发挥地方国企的积极作用，与投资企业共同参与全域旅游项目的建设，保障项目资金到位。积极引导和鼓励社会资本及各类经济实体投资乡村旅游的建设和经营，鼓励中介组织为乡村旅游发展提供各类资金，进一步加大金融支持。鼓励各级金融机构提供信贷支持，适当加大信贷投放力度，适度降低旅游企业贷款准入门槛。扶持龙头企业发展，探索推行旅游资源经营权抵押、权益抵押、林权抵押、土地使用权抵押、旅游门票收益权质押等担保形式。加大对农户经营乡村旅游项目的扶持力度，鼓励符合小额担保贷款政策支持的企业申请小额担保贷款，并按规定予以贴息。鼓励保险业向乡村旅游延伸，开发支持乡村旅游的保险产品。制定土地政策，优先保障旅游项目用地指标，通过挂牌、租用、入股、流转等方式确保用地需求。

2.引导农民参与全域旅游共同利益分配体系

坚持全民共建共享的理念，重视地方政府、地方居民、外来企业三方的共同参与。引导农民通过自主创业或就业的方式积极参与乡村旅游开发及建设，以其拥有的流转土地、自建房屋、田地农场等资源入股，充分发挥其自身文化素养和农业技能，农村变特色花园、农房变特色民宿、农民变特色导游，共同参与全域旅游发展的利益分配。

以海南乐东县为例，结合实际情况，紧扣"产业兴旺、生态宜居、乡风文明、治理有效、生活富裕"要求，推进农副产品品牌化、无害化、标准化、规模化、效益化，打造热带特色高效农业王牌。同时，寻求优势互补的差异化、精细化和国际化发展，积极主动融入大三亚旅游经济圈，发展全域旅游。乐东山旅游资源十分丰富，尖峰岭国家森林公园、莺歌海盐场、毛公山等自然景观和优美神秘的古海遗迹景观等一直备受国内外游客青睐。白天，游客可以在乐东体验登山、游泳等户外活动；晚上，可以感受乐东原汁原味的黎族、苗族民族风情。农民通过发展民宿等第三产业增加收入，通过发展热带特色高效农业增加收入，有了更多的获得感、幸福感、安全感。

再以云南石林风景区为例，作为云南昆明的老牌景区，于1978年4

月 1 日售出景区第一张门票，成为改革开放以来昆明独具世界自然遗产特色的旅游景点。随着时代变迁，如今的石林县旅游业早已从单一依靠石林景区，向全域旅游发展，先后开发出了长湖、冰雪海洋世界、蓝莓庄园等各类型的景区景点。游客来到石林，也从曾经单一的观光游转变为在石林过夜、消费的休闲游。通过发展全域旅游，原先靠种地为生的村民开起了饭店、客栈，依托旅游服务业发家致富。

3. 健全全域旅游投资监管体制

全域旅游投资项目应注重投资综合效益，不能只要是投资就要，不顾长远利益。完善投资工作的奖惩激励机制，强化监督管理，围绕投资质量、产业发展、综合效益等方面建立综合评价体系。丰富社会考评力量，完善监督渠道，发挥新闻媒体监督、网络监督的作用，通过媒体的舆论来吸引社会公众的广泛参与。成立全域旅游发展行业协会，协会作为与政府沟通的纽带与桥梁，协助政府制定产业发展规划、发展政策与行业准则，亦发挥行业监督的作用，规范旅游市场秩序，约束监管旅游相关企业的行为。行业协会作为一种非营利性、非官方的民间自发性组织，要充分保持独立，具备完善的人员配置与专业的运营水准，与政府独立开来。定期开展旅游市场执法检查，针对市场存在和社会游客反映强烈的突出问题，组织开展专项整治工作，制定旅游企业"黑名单"，规范全域旅游行业的经营行为，建立旅游综合监管长效机制。

以浙江仙居县为例，2019 年以来，浙江省仙居县通过健全行业监管体系，为旅游发展环境进一步优化和有效监管打下了坚实基础。针对旅游景区特点，仙居积极搭建市场服务工作群和行政建议约谈平台，设置景区消费提示卡和消费者维权服务站，聘请 54 名村级协管员，负责调解景区消费矛盾，并建立旅游企业红黑榜，推行无理由退换货、先行赔付等机制。成立导游之家、仙居旅游文化研究会，开展"全民学导游""7·19

仙居导游日"等活动,建立机关干部导游团,县委书记带头当导游,将全县干部培养为秀美仙居的宣传员。借力志愿服务队伍助推旅游发展也是仙居的一大亮点。仙居致力打造"中国最温暖志愿之城",全县共有各类志愿团队300多支、注册志愿22万余人,涵盖公益慈善、旅游服务、抢险救灾各行各业,已成为旅游安全保障的重要辅助力量。

(四)筑巢引凤、引才回乡,多维度打造全域旅游人才体系

1. 加强乡村旅游专业人才队伍建设

一是加大对本地旅游人才的培训培养。通过不定期的"送课"上门、一对一帮扶、专家讲座等形式对乡镇旅游景点的从业人员进行培训,提升其专业技能,对获取旅游从业资质的人员给予一定的政策奖励,发掘一批"土专家""田秀才",壮大本地乡村旅游人才队伍。

二是加大对全国旅游人才的培训培养。将旅游人才队伍建设纳入农村实用人才支持计划,财政统筹安排资金对旅游人才进行专项培训,通过发展旅游职业教育,加快培养适应全域旅游发展要求的专业型人才。各地要加大对高层次旅游人才的引进力度,对其在子女入学、安家、项目资助及薪酬奖励等方面给予支持,壮大全国旅游人才队伍。

以青海海东市为例,海东市作为河湟文明的发祥地,具有发展旅游得天独厚的条件。"十三五"期间,海东累计接待国内外游客6735万人次,实现旅游总收入261亿元。其中乡村旅游人数占总游客数量的二分之一,乡村旅游总收入占旅游总收入的三分之二,全市乡村旅游市场呈现火爆态势。海东市坚持"旅游发展,人才先行"的理念,针对旅游业懂管理、会经营、能干事的高端旅游人才和一线技能型服务人员短缺这一问题,从加强基地建设、引进高端人才、开展专题培训三方面入手,不断强化旅游人才队伍建设。如依托互助土族自治县纳顿庄园旅游资源富集的优势，打造旅游人才实训基地，依托乐都卯寨景区"乡村振兴讲堂"，打造乡村振兴人才培训基地。同时，利用各旅游人才实训基地定期对辖区内的旅游人才进行专业培训，显著提升了各旅游从业人员的经营管理水平和旅游服务基本能力。2018年以来，海东市围绕乡村振兴战略，有针对性地开展各类文化旅游人才专业知识集中培训、创新培训、岗位培训，尤其注重培养乡村旅游人才。培训采取课堂教学与现场考察相结合的方式，通过理论与实践融合的移动式教学，理论性、实践性和针对性较强，有助于师生、学员间的交流，有助于学员对知识的理解运用和融会贯通，取得了良好效果。

2. 加强基层政府管理人才队伍建设

建立完善的用人机制。省、市、县党委组织部门积极制定乡村振兴人才队伍建设机制，通过定向选调、人才引进等方式，定准专业、岗位，分年度研究制订基层政府管理队伍建设计划，不断为乡镇基层管理队伍补充新鲜血液。对于表现优异的人才可优先提拔使用，特别优秀的可按规定破格提拔。

3. 加强科研院校对口帮扶力度

全国科研院校与地方乡镇本着"资源互补、互惠互利、长期合作、共同发展"的原则，在支持地方全域旅游发展和人才交流等方面展开多层次、全方位的协作。

组织高校面向地区开展决策咨询服务，结合省乡村振兴重点区域旅游资源特点和现状开展科学研究，综合运用多种优势技术手段，帮助地区准确诊断"病情"，提供乡村振兴对策咨询。许多高校也有课题研究、社会试验的内在需求，可以充分结合双方的需求进行互补，为地方党委政府科学决策提供重要支撑。地方政府可与高校签署人才引进、科技战略合作协议，为乡村振兴中全域旅游跨越发展注入新的活力。

【第五篇】

"乡村振兴最终是为了造福乡民"

谈乡村社会保障和社会治理

推进农村社会事业 提升人民幸福感

推进农村社会事业发展是乡村振兴的重要组成部分。长期以来,我国广大农村地区与城市相比,由于相对缺少资金投入和人才支持,社会事业发展较为缓慢,不能进一步满足广大农民对幸福生活的更高需求。实施乡村振兴战略,建设农民幸福家园,必须要加强农村社会事业建设,真正解决农民最急迫的生活需求问题,从帮助农村贫困人口脱贫到提供普惠性的公共服务,不断改善农民的生活条件,切实提升广大农民的满足感和幸福感,补足这一制约乡村振兴的短板。

一、农村社会事业发展历程

广义的农村社会事业包括农村的教育、医疗卫生、社会保障、文化体育、劳动就业、社会治安、突发公共事件预防与管理等方面。本文仅分析农村社会事业中的教育、医疗卫生、养老三方面。改革开放以来,我国农村社会事业蓬勃发展,取得了令人瞩目的成就,大致可以分为建立发展、提升完善和改革突破三个主要阶段。

（一）建立发展阶段（1978—2002 年）

改革开放后，我国逐步建立起与经济社会发展相适应的义务教育制度、农村合作医疗制度、农村社会养老保险制度，农村社会事业随着相关政策制度的出台得到不断发展。教育方面，1986 年，全国人大通过了首部《中华人民共和国义务教育法》，为九年义务教育的实行提供了法律保障；医疗卫生方面，逐步建立起农村合作医疗制度，积极推进农村医疗卫生事业的发展；养老方面，1987 年 3 月，民政部发布《关于探索建立农村基层社会保障制度的报告》，农村养老开始逐步纳入社会保障体系当中。

（二）提升完善阶段（2003—2012 年）

这一阶段我国农村社会事业不断提质增效。教育方面，不断深化农村教育改革，完善农村义务教育免费政策和经费保障机制。医疗卫生方面，新型农村合作医疗制度建立，医疗服务覆盖范围不断扩大，质量不断提升。养老方面，2007 年，国务院提出在全国农村建立最低生活保障制度，并对农村最低生活保障的对象、标准、范围及管理做出明确规定。2009 年，国家开始实施新型农村社会养老保险试点工作，养老保障制度不断完善。但要指出的是，这些制度大部分是以"城市和农村相对隔离、市民与农民不同的公民身份"为前提的，当时，我国社会事业的发展是城乡二元而非城乡统筹。

（三）改革突破阶段（2013 年至今）

党的十八大对我国城乡社会事业做出了全面深化改革的战略部署，城乡统筹的社会事业制度体系逐步建立，改革取得新突破。

教育方面，全面推进落实城乡一体的义务教育制度。2021年，中共中央、国务院在《关于全面推进乡村振兴加快农业农村现代化的意见》（以下简称《意见》）中提出，要提高农村教育质量，多渠道增加农村普惠性学前教育资源供给，继续改善乡镇寄宿制学校办学条件，保留并办好必要的乡村小规模学校，在县城和中心镇新建改扩建一批高中和中等职业学校。完善农村特殊教育保障机制。推进县域内义务教育学校校长教师交流轮岗，支持建设城乡学校共同体。面向农民就业创业需求，发展职业技术教育与技能培训，建设一批产教融合基地。开展耕读教育。加快发展面向乡村的网络教育。加大涉农高校、涉农职业院校、涉农学科专业建设力度。

医疗卫生方面，城乡统一的居民医疗保险制度逐步建立，《意见》提出，全面推进健康乡村建设，提升村卫生室标准化建设和健康管理水平，推动乡村医生向执业（助理）医师转变，采取派驻、巡诊等方式提高基层卫生服务水平。提升乡镇卫生院医疗服务能力，选建一批中心卫生院。加强县级医院建设，持续提升县级疾控机构应对重大疫情及突发公共卫生事件能力。加强县域紧密型医共体建设，实行医保总额预算管理。完善统一的城乡居民基本医疗保险制度，合理提高政府补助标准和个人缴费标准，健全重大疾病医疗保险和救助制度。

养老方面，在2014年提出的将城乡居民基本养老保险制度合并的基础上，《意见》提出，落实城乡居民基本养老保险待遇确定和正常调整机制。推进城乡低保制度统筹发展，逐步提高特困人员供养服务质量。加强对农村留守儿童和妇女、老年人以及困境儿童的关爱服务。健全县乡村衔接的三级养老服务网络，推动村级幸福院、日间照料中心等养老服务设施建设，发展农村普惠型养老服务和互助性养老。

由农村社会事业的发展历程可以看出，随着习近平新时代中国特色社会主义思想的贯彻落实和乡村振兴战略的推进,农村社会事业健康发展,城乡基本公共服务均衡发展、普惠共享是历史的必然。

二、农村社会事业发展面临的问题及原因

随着我国社会主义建设进入新时代,社会主要矛盾发生变化,"三农"问题也呈现出不同以往的新特征,突出体现在农村的文化教育、医疗卫生和养老等社会事业供给短缺,城乡公共服务发展不均衡,农民共享现代化发展成果不充分等方面。

(一)农村社会事业发展面临的问题

1. 教育方面

一是农村教育经费投入不足。我国农村义务教育经费保障机制实行的"中央和地方分项目、按比例分担"政策,从整体上有效缓解了农村教育面临的经费不足问题,但与城市相比仍然有较大差距,农村学校的基础设施及师资力量不能满足进一步发展需要。根据近年全国教育经费执行情况分析,我国农村中小学教育经费在总量上和人均上都存在不足,增幅也低于全国平均水平。

二是农村教育资源配置不合理,资金使用效益不高。当前农村教育资源投入配置比较固化,没有实现因地制宜,灵活性较差。从乡村学校的情况来看,普遍存在软硬件发展不均衡现象,大部分学校在学校房屋等硬件设备投入较多,在学校管理、师资福利、活动组织及信息技术等软件方面投入较少。同时部分农村学校资金管理较为混乱,农村教育经费使用效益不高,有时出现监管缺失的情况。

三是农村教育质量存在较大提升空间,农村师资建设任重道远。农

村教育发展不充分问题不仅是受教育年限问题，更根本的是质量问题。一些农村学生受各种因素影响，对学习重视度不够，学习成绩不理想，厌学情绪严重，有些学生虽然重视学习，但学校教学质量不高，这些都使农村学生后期遇到的压力和挑战更大。同时，农村地区不比城市的热闹繁华，对人才的吸引力十分有限，教师的流动性较大，年轻的高水平教师较少，学校只能根据有限的师资力量开设语文、数学等主要课程，而像英语、信息、美术等非主课程缺乏专业教师，往往只能学生自学或由主课老师临时替代，从而影响教学效果。

四是县域义务教育基本均衡尚未全部实现。截至2019年底，全国累计2767个县（含市、区及实施义务教育的其他县级行政区划单位）通过义务教育基本均衡发展国家督导评估认定，占95.32%，仍未实现100%全部认定。当县域义务教育发展不均衡和城镇化进程并存时，就引发了农村学校小规模化、县镇巨班大校化，加大了解决教育发展不均衡问题的难度。

2. 医疗卫生方面

一是资金投入不足，资金供给不平衡。医疗卫生的财政资金投入重城市、轻农村，重大中型医疗机构、轻基层医疗机构的情况普遍存在。据某市卫计局2018年度财政预算方案，对于市人民医院一家的财政投入达到近1500万元，而对于近400家基层医疗机构的财政投入约为1.32亿元，平均每家仅有30多万元的财政支持。但该市户籍总人口中农村人口占比在85%左右，且该市人民医院万元以上医疗设备总价值达到近1.4亿元，而其他400家基层医疗机构的设备总价值不到5000万元，前者是后者的三倍左右。

二是人才队伍分布不合理，人才水平不高。目前医疗人才的缺乏与医疗队伍水平的落后成为农村基本医疗服务的短板。据某市卫计局的统计数据，该市的医疗人才队伍在市区和基层乡村的配备存在数量及质量两个不平衡情况：数量不平衡表现在其市人民医院配备了超过1500人的在岗员工，其中专业医疗技术人员超过1200人，而全市近400家基层医疗卫生机构只有不到1500人的在岗员工；质量不平衡主要指医疗人才专业程度的不平衡，市医院执业医师有近400人，而近400家基层医疗机构执业医师仅600人左右，平均算下来，每个基层医疗机构执业医师不到2人。医疗卫生人才队伍结构的失衡、人才的匮乏，严重影响农村基层医疗机构的医疗卫生服务水平。

三是新医改政策宣传不够，政策监管有待完善。首先，新医改政策宣传力度不够，大部分农民仅仅处于听说阶段，缺乏深入的了解，有时因为不懂政策错失机会。其次，新医改政策的资金监管不够完善，比如基层医疗机构对补贴资金的使用和绩效资金的使用没有做到完全公开透明。一方面医务人员没有参与资金流动各个环节，无法保障监督权和知情权；另一方面广大农民群众的监督作用也没能充分发挥。对于政府购买的服务，虽然政府在服务单价上严格把关、层层考核，但是对于服务的质量仍旧缺乏监督机制。

3. 养老方面

一是资金来源渠道有限，资金投入不足。目前，农村养老服务的资金渠道主要包括财政投入、项目收费和社会融资。财政投入方面，政府对农村的养老投入与农村对养老资金的需求存在巨大差距。项目收费方面，由于农民的购买力有限，这部分收入也难以满足养老服务的资金需求。社会融资方面，由于农村一些小型养老机构很难得到实际的优惠政策支持，盈利模式的缺乏导致它们积极性受阻，进而使农村养老服务供给主体越发单一。此外，从捐助等方面的经济来源也很不稳定。资金投入不足及来源渠道单一，导致农村养老服务的运作、管理、发展都相对较难。

二是服务设施数量、功能有限，缺乏专业的使用、维护人员。农村现有居家养老服务设施不能完全满足老年人需要，日间托管、生活照料、助餐配餐、医疗保健、康复护理等养老需求在大部分农村都是缺乏的。现有的设施最多集中在诸如休息座椅、少量健身器材，其他生活服务设施（如小超市、快递站、食品店、小菜市场等）、医疗保健设施（如急诊室、小药房等）、文体活动设施（如健身小广场、棋牌室、阅览室等）、社区公共卫生间等数量严重不足。卫生站医疗设备有限，医疗人员专业性不足，对器械的使用缺乏经验。值得一提的是，目前湖南省在部分村建设的村级综合服务平台，集说事议事、便民服务、文化娱乐、商务流通、卫生医疗"五大功能"于一体，能较好满足村集体和村民需求，有效实现了为民服务。

三是养老服务专业人才不足，业务素质不高。目前，我国农村养老服务的主要矛盾是老年人的护理需求大而专业服务人员严重不足。与城市相比，农村养老服务管理人员工作条件差、待遇低，故难以招到专职的服务管理人员，愿意到农村服务的志愿者也是少之又少，目前大多是村干部兼职管理，他们忙碌于村务工作难以分身，普遍还是按照老办法、老路子来管，只能抽空能管一点是一点，科学管理能力不足。同时，服务的专职人员业务素质不高，与服务质量标准存在一定差距。随着农村老龄化的加剧，养老服务需求主要集中在医疗护理、生活照料、心理慰藉等方面，需要专业化人员来提供服务。很多农村从事养老服务的人员缺少系统培训，往往凭借生活经验和民间土办法来服务老人，效果和质量达不到要求。另外，服务的专业队伍也不稳定，农村劳动人口大多不愿待在乡里工作，有条件的更愿意外出打工，少数在农村从事养老服务的人员如有城里的工作机会随时准备流动，难以保持稳定的队伍。

（二）农业社会事业发展存在问题的原因

1. 受城乡二元结构的影响，农村社会事业资金供给缺乏保障

我国农村发展主要问题之一是缺少公共经费，近几年政府也一直在着力解决此问题，出台了一系列支农惠农政策，但受制于农村落后的经济状况，短期内城乡资源配置依然难以实现平衡。

首先，农村经济基础薄弱。我国农村长期以来是传统的小农经济模式，早年是小作坊，后来推行农村经济合作社将分散的资源整合，虽然提升了一些效率，但规模仍然有限，农产品产值不高。乡镇企业作为农村集体主要收入来源之一，在具有资金、技术、管理优势的大企业冲击下发展有限。财政税收收入的捉襟见肘，使农村社会事业供给在财源方面缺乏保障。

其次，上级政府对农村的转移支付资金难以及时到位。为了工作便利，有些上级政府将本应由自己提供的农村社会事业的供给直接转批给下一级，相关的资金往往难以及时调配，导致项目难以实施。还有一些项目，政府投入前期建设资金后，由于缺少持续性的资金支持，没有后续的服务管理，发挥不了实际用途，造成项目闲置浪费。因此，资金作为农村社会事业发展的重要基础，会影响农村社会事业供给的有效性，需要加强对资金的保障。

2. 缺乏科学统筹规划，相关制度机制不健全

首先，决策机制不健全。农村社会事业的主要服务对象是农民，需要什么样的服务他们最有发言权，需要充分听取农民意见，否则就将出现脱节的情况。多数情况下，我国农村社会事业的供给是由上级政府决策的，缺少充分的农村调研，不够接地气，虽然符合国家政策，但是否符合每个农村的实际情况和特点，还有待详细调查论证。

其次，监督机制不健全。健全的监督机制是保障农村社会事业供给合理与公平的基础，有限的农村社会事业资金只有得到充分的监督，才能确保使用得当和高效。上级拨付资金是否能够及时下来，是否用得足，是否存在资金虚报和不到位的情况，还有待监督管理。

再次，人才培养机制不健全。农村社会事业缺少发展空间，留不住人才，人员仅能够维持基本的运转，缺少专业人才的引进、储备、培养机制，难以招到高素质人才提升管理服务水平。

3. 多元供给格局尚未形成，互联网利用率较低

首先，社会事业多元供给格局尚未形成。长期以来，我国社会事业的供给都是以政府为单一主体的供给模式进行的，政府在社会事业领域还没有做好将职能转变为统筹规划、组织协调、资金扶持和评估监督的准备。近年来，我国社会事业的供给开始采用政府购买服务模式，这种模式有很多的优点，比如能够吸引一些社会资本进入公共服务领域，减轻政府初期投入压力，但是需要执行严格的标准和程序，在义务教育、医疗卫生等与人民切身利益密切相关的基本公共服务领域难以推行。同时，由社会组织及企业提供基本公共服务的模式也尚不成熟。一方面我国社会组织发展历程较短，实力较弱，缺少经验积累；另一方面即便由能力和实力较强的企业来提供服务，其需获得相应的行政审批，且在政府管制下提供服务，盈利和政府补贴的不确定性使其积极性大打折扣。

其次，互联网利用率较低。就目前情况来看，互联网在农村社会事业领域的应用范围较小，并没有充分发挥互联网在资源共享方面的优势。例如农村学校的网络建设不够完善，大多数是由本校老师开展现场教学，网课、视频教学等"互联网＋教育"形式还在起步阶段，与传统教学的良好结合仍需时日。

三、农村社会事业健康发展策略

针对当前农村社会事业发展面临的诸多困境与现实挑战,应不断探索农村发展模式,提高农村发展水平和质量,在教育、医疗卫生、养老等方面与城市同步推进建设,推动城乡公共服务均等化,促进农村社会事业持续健康发展,让广大农民群众切实获得幸福感、满足感,把广大农村地区建成农民的幸福家园。

(一)城乡融合发展,促进资源向乡村流动

1. 重塑城乡关系,坚持两者平衡发展

城乡融合发展是实施乡村振兴战略的重要举措。

一是要转变思想,打破传统的城乡发展观,树立起农村与城市平衡发展、携手共进的理念。长期以来,我国向城市投入了更多的资源,涉及发展规划、方案时往往更多考虑城市因素,广大农村地区缺少资金和资源支持,还要向城市输送农产品、劳动力等支持城市加快发展,城乡差距不断扩大,形成城乡二元化格局。实施乡村振兴,就要摒弃以前的旧观念,让农村获得与城市同等的发展机会,加快推进农村基本公共服务建设,实现城乡普惠共享。

二是要政策支持,建立人才、资金等各种发展要素向农村聚集的机制。制定更加优惠的政策,吸引更多的城里人到农村创业兴业,改变之前缺钱少人的状况,以点带面带动一方经济发展,支持乡村振兴战略实施。

2. 发挥城市综合优势,带动乡村走上振兴之路

城市是我国经济发展最快最好的地方,在经济、文化、教育、医疗等方面具有综合性优势。地方主要的企事业单位和社会组织一般都位于城市,要通过政策导向,引导它们以结对帮扶等形式支持农村发展社会

事业，从资金、人才等方面发挥城市带头作用，不断缩小城乡差距，实现基本公共服务普惠共享。例如，基于我国城市数量少、农村地广人多以及城市有一定的综合实力等因素来支援农村建设，推动构建城市对农村、企业对农户一帮一、一帮多的定点帮扶制度。

一是要做好顶层设计。以制度为基础，建立健全一套城市帮扶农村的体系，将城市的公共服务资源不断向农村延伸，让农村人口能够享受到与城市等同的公共服务。二是要发挥乡镇连接城市和农村的纽带作用。城市基本公共服务资源向农村延伸是逐级逐步的过程，乡镇一级尤为重要，是一个关键结合点，发挥着承上启下的衔接作用，特别是重点镇、中心镇应加强资源布局。

3. 促进人才流动，建立精简专业的服务队伍

能否促进农村社会事业健康发展，人才是关键要素。当前农村在待遇、环境、发展空间方面与城市存在一定差距，因此一方面要加强宣传教育工作，促进全社会形成正确的城乡观念；另一方面也要采取相应的激励措施，使人才获得实实在在的回报，促进人才向农村流动。

一是要建立灵活的人才机制，打通人才流通渠道与晋升通道。例如实行村干部和基层公务员的选调机制，对城乡服务人员实行统一登记管理制度，打破行政与事业两套编制的藩篱，让人才能够交流互通，避免出现各单位人员"固化"现象。采取职级并行制，给予农村事业单位人员更多的晋升空间和机会，形成能上能下、左右互通的人才流动机制。

二是优化农村服务人员薪酬待遇体系。有条件的地方可以将农村公益性事业单位绩效纳入省级统筹工资制度，为农村人员薪酬提供有效保障，缩小城乡待遇差距。

三是实施农村社会事业人才专项培育计划，以"订单式"培训提高农村社会事业服务质量和水平，充实农村地区急缺的社会事业专业人才。

在广大农村初高中毕业生中，选择对医疗、教育、养老事业有兴趣的学生，由村集体提供各种费用去学校学习培训，学成之后回到村里为乡亲提供服务。这既避免了部分学生因贫辍学，也解决了他们的就业问题，还破解了农村社会事业人才不足困境，为农村留住较为稳定的社会事业人才，可谓一举多得。

（二）加强资金保障，拓展筹资渠道

1. 完善转移支付制度，提升资金利用效率

一是完善和优化财政转移支付制度，理顺各个环节的权责关系，打通财政投入渠道，明确各级政府公共服务范围，畅通财政对于农村地区的合理资金投入，杜绝层层拖延现象。

二是发挥政策引领作用，优先财政向农村公共服务的一般转移支付，资金规模和比例向农村倾斜，特别是向解决农民急难愁盼问题的项目倾斜。给予基层财政调配资金的灵活性，结合农村实际情况优化项目结构，提高财政资金的使用效率。

三是建立有效的激励监督机制。农民作为公共服务的受益人，在政府对农村地区进行供给的过程中，农民有权要求政府将具体的服务事项、资金的使用情况等内容公开，鼓励农民主动参与服务供给的监督过程。通过对财政转移支付的项目进行全方位的监督、管理、审查，提高财政转移支付资金的利用效率。

2. 培育多元化供给主体，拓展筹融资渠道

一是创新公共服务项目融资机制，拓宽市场化筹融资渠道。可以利用资本市场工具实现筹资与融资，如发行长期国有债券，利用政策性、开发性金融机构获得低息长期贷款。逐步放松对社会资本进入农村公共服务领域的管制，培育多元化供给主体，积极鼓励社会资本投资农村准

公共服务，通过政府补贴、政策担保、减免税额等多种方式撬动吸引社会投资，扩充农村公共服务的供给。

二是拓展社会化筹融资渠道。举办大型公益募集活动，如希望工程、春蕾行动等，充分利用财税杠杆，通过免税减税、补贴奖励等多种方式减少社会组织开展公益性服务的成本，保障基本的活动经费。鼓励并吸引社会捐款，弥补政府在公共医疗、基础教育等方面的资金短缺。

（三）加大政府统筹支持，优化农村社会事业供给环境

1. 健全法规制度，优化法治环境

一是健全法规制度。加强农村社会事业项目在各级政府之间以及政府与社会组织之间的统筹协调，建立一套完善的制度体系。以制度引导、政府主导，并结合基层公共部门在充分调查研究基础上的自由裁量权，集中投入农民最需要的公共服务，以灵活高效的公共服务，提高农村居民满意度。当然，公共部门的自由裁量权必须要符合相关的规定，以切实保障农民权益，提高服务质量和效率。

二是有效发挥司法监督作用。对农村公共服务的执法、守法、司法流程进行全程监督，发现问题要以事实为依据、法律为准绳认真调查、严肃处理，重点打击农村地区社会事业供给涉黑涉恶及村霸行为，净化农村环境。

2. 健全需求表达制度，持续发挥新媒体的正面引导作用

一是逐渐提高农民需求表达的能力。通过建立一些联合学习平台、开展村组学习讨论会，为农民提供一个学习农村政策的良好环境。开展农民民主意识教育，使其认识到农村社会事业与自己切身利益密切相关，发挥其当家作主的权利，为农村社会事业提供实用高效的参考依据。我国农村目前还是典型的熟人圈子，当中的农民精英有较高的话语影响力，

特别是农村党员应充分发挥模范带头作用，通过言传身教、躬身力行提高农民主体意识，传递正能量，营造一种积极活跃、乐于表达的良好环境氛围。

二是要持续发挥新媒体的正面引导作用。随着互联网及信息技术的普及发展，农民也开始认识并学习各种新媒体的表达方式。新媒体目前的特点是引人注目，主要依靠社会热点获得流量，对缺乏流量支撑的农村和农民关注少。因此，要引导新媒体下乡入村，深入村组、深入群众，发现农村生活真实的需求与期盼。我们也看到，随着爱心助农、精准扶贫等助农活动深入人心，源自农村的新媒体作品越来越多，像短视频直播带货等，他们代表农民群众发言，为广大农民群众服务。此外，政府监管部门要规范新媒体平台，从内容和形式上引导其良性发展，净化新媒体生长环境。鼓励搭建农村电子商务平台、微信公众号、小程序等，拓宽农民信息沟通交流渠道，更便捷地服务农民群众。

（四）打破时空限制，以"互联网+"拓宽农村社会事业发展渠道

由于我国农村社会事业供给的缺乏，财政不仅仅要发挥"保底"作用，还要从支出比例上向农村倾斜，特别是农村教育、医疗、养老等方面，同时还应依托现代信息技术，以"互联网+"的方式拓宽农村社会事业发展渠道。"互联网+"的方式有利于构建柔性的农村社会事业发展体制，推动资源流动与集聚，便利获取外部人才支持，让农村社会事业供给降本增效，为公共服务的普惠共享提供更加便利的条件，加快城乡一体化进程。

1.构建"互联网+农村医疗"的服务方式

农村新医改政策需要包含"互联网+农村医疗"等新型医疗服务方式。"互联网+农村医疗"最主要的优点就是不受地域、时空的限制，让农村病人足不出户获得医生的优质服务，经过医生初诊，不需要到医院的就可以居家吃药治疗，有需要的再入院治疗，节省了看病时间和不必要的医疗费用，从而减轻病人的就诊开支，也有利于分级诊疗制度的实施。据了解，在新冠肺炎疫情期间，"互联网+"的医疗服务方式成为一个重要组成部分，国家卫健委的委属管医院互联网诊疗比2019年同期增加了17倍，一些第三方互联网服务平台的诊疗咨询量比同期增长了20多倍，处方量增长近10倍。构建"互联网+农村医疗"的服务方式需要重点完善以下几方面：

一是规划"互联网+农村医疗"整体方案。各级政府应积极主导建立农村"互联网+农村医疗"的相应制度体系，如政府应指导县、市医院与乡镇卫生院、村卫生室等基层医疗机构建立医联体、医共体等合作单位关系，在医疗业务上进行指导，从服务上保证远程诊疗的实现。同时为资金投入、人才培育以及绩效考核等工作制定相应机制。

二是政府主管部门应通过多种方式组织筹集"互联网+农村医疗"事业发展资金。结合具体的农村医疗工作，各级政府可以尝试为农村"互联网+农村医疗"制定专项政策，设置专项资金，专项用于发展农村医疗卫生事业，推动农村医疗事业再上台阶。

三是搭建"互联网+农村医疗"网络平台。医疗网络信息平台作为整合卫生服务资源的重要载体，能够有效提高农村应对疾病及处理突发公共卫生事件的能力，政府应当大力鼓励互联网企业与医疗机构合作，有条件的地方尽早建好互联网平台，早建好早受益。

2. 构建"互联网+农村教育"的服务方式

农村教育仍是我国教育的薄弱环节。近年来，国家通过实施"三通两平台"（指宽带网络校校通、优质资源班班通、网络学习空间人人通，建设教育资源公共服务平台和教育管理公共服务平台）、"教学点数字教育资源全覆盖"（指以开足、开好国家规定课程为目标，支持各教学点建设可接收数字教育资源并利用资源开展教学的基本硬件设施,并通过卫星传输方式,推送数字教育资源至各教学点)等工程,使互联网普及在农村教育中取得了一定的成效,但仍存在硬软件基础设施不完备、师资配备不合理、专项资金投入不足和制度政策不完善等困难。因此,构建"互联网+教育"的服务方式需要重点完善以下几方面:

一是强化硬件、软件、数字化资源相关基础设施的投入。没有基础设施,"互联网+农村教育"就是无源之水。通过加大对硬软件的投入,可以打破农村跟城市的时空限制。在硬件投入上,首先应保证互联网在农村的覆盖面积,同时应最大程度为学校配备计算机、电子黑板、电子课桌等信息化教学设备。鉴于农村学校教师部分年龄偏大,硬件的投入以简单实用、便于操作为主。软件方面则应根据农村的实际情况,偏向于优秀高质的课程共享、方便实用的智能APP开发应用等。

二是投入资金的使用要注意结构,提高效率。对于硬件投入不达标的农村学校,应先加大硬件的资金投入,先补足硬件基础设施。对于已达标的农村学校,下一步资金投入应注重教学软件的开发利用。

三是用政策吸引和留住师资,增加师资培训。要根据农村学生实际情况,合理安排各个学科的教师数量。可以根据招聘教师的不同水平层次,在工资福利等方面给予相应的区分,提高农村教师的积极性。针对不同教师的信息技术掌握水平,也应进行相应的培训和考核。当地政府积极发挥统筹支持的作用,通过推动不同层级水平的学校开展"校际合作",促进校际定期交流,树立标杆,以先进带动落后,从而提升区域教育整体实力。

四是完善制度保障,加强评估指引。结合各学校的自身特点和不同发展阶段,制定科学合理的评估指标来引导农村学校信息化发展。处于基础起步阶段时,主要选取基础设施完备度、设备使用效率及损害程度等指标来评估，加强基础硬件的配置和利用。在逐步规范完善阶段，通过筛选将一些信息化发展较好的学校树立为标杆，向广大师生推广，发挥示范引领作用。在发展提高阶段，将当地本土特色，如少数民族文化、非物质文化遗产、红色文化等融入学校的互联网教学中，实现百花齐放，差异化发展农村特色教育。

3. 构建"互联网+农村养老"的服务方式

相对于医疗、教育行业来说，互联网在农村养老方面的运用，目前仍处于初期阶段。未来新型的"互联网+农村养老"，可以通过互联网的云数据库，对农村老年人的健康情况、生活习惯、个人要求等信息进行汇总处理，利用互联互通互助的网络优势，快速解决传统养老难以解决的老年人员情况掌握不清楚、健康问题发现不及时、投入资金和人力大却效果不佳等问题。

一是明确政府角色，加快制度建设。一方面要在制度层面上制定统一、可操作的法律法规和管理规章，如考核体系、服务达标标准、工作守则等；另一方面工商、质检、民政等部门应对各类养老机构的注册、运营等活动进行全方位监管，并根据服务监督情况动态发布其诚信等级。同时要带动科研、养老、医疗保健等一系列人才参与农村智能化养老服务，发挥社会群体的力量。

二是加大财政投入，加强资金保障。一方面政府可将"互联网+农村养老"所需要的资金纳入专项预算，由政府投入一部分前期引导资金，对于部分弱势群体，政府应采取优惠或免费政策让其享有服务；另一方面要积极引进社会资本，弥补政府资金的不足。

三是推广智能技术服务养老生活，引领农村老年群众赶上新时代。一方面社会和家庭要学会关爱、理解老年人，耐心教导其对智能设备的操作，帮助老年人克服使用智能设备的心理障碍；另一方面要加大技术装备的研发，研究完善专门适合老年人的技术设备，如适合老年人的佩戴式医疗保健设备、可视呼叫器、平板电脑、老年手机等智能设备，降低其复杂程度，方便老年人使用。

四是搭建养老服务信息平台和养老服务应用系统。一方面要完善基础数据库系统，包括农村老年人健康信息、养老机构基本信息、老年用品基本信息等各种信息；另一方面要促进各类不同信息及系统之间的共享，让老年人可以方便快捷地获取医疗保健、家政服务、紧急救援等各种服务。

农村社会事业健康发展，关乎全民小康大局。相对于快速推进的城镇化和日新月异的信息化，农村社会事业发展是农业现代化进程中的短板，是城乡融合发展的薄弱环节。应该把促进农村社会事业健康发展，作为推进美丽乡村建设、打造农民幸福家园的重中之重来抓紧抓实抓到位，以全面助力乡村振兴，将我国建成富强民主文明和谐美丽的社会主义现代化强国。

健全乡村治理体系
实现乡村治理有效

农业农村现代化是实施乡村振兴战略的总目标。长期以来,为解决好吃饭问题,我国花了很大精力推进农业现代化,取得了长足进步。相较而言,农村在基础设施、公共服务、社会治理等方面与城市差距相当大。农村现代化既包括"物"的现代化,也包括"人"的现代化,还包括乡村治理体系和治理能力的现代化。健全自治、法治、德治相结合的乡村治理体系是十九大提出的重大现实课题,笔者结合中国乡村实际,提出以下八条建议:

一、坚持党的领导时刻不能动摇

中国特色社会主义,最本质的特征是中国共产党的领导。习近平总书记说过,"我国乡村振兴道路怎么走,只能靠我们自己去探索",要"走中国特色社会主义乡村振兴道路"。"党政军民学,东西南北中,党是领导一切的。"中国特色的乡村治理,最重要的一条是坚持党的领导。

（一）加强村党组织对村各类组织和各项工作的领导

党章第三十三条对农村基层党建作出权威性规定："街道、乡、镇党的基层委员会和村、社区党组织，领导本地区的工作和基层社会治理，支持和保证行政组织、经济组织和群众自治组织充分行使职权。"这就明晰了农村基层党组织在农村各种组织中的领导地位、对农村各项工作的领导作用。

健全以网格化管理为基础的村党组织体系，加强以党组织为核心的村级组织配套建设，在有条件的地方积极推行村党组织书记通过法定程序担任村民委员会主任和村级集体经济组织、合作经济组织负责人，确保农村各类组织在党组织统一领导下依法开展工作。

（二）切实加强党在农村宗教事务中的领导

一是基层党组织要牢牢把握宗教工作的主动权。坚持宗教的中国化方向，大力弘扬马克思主义和习近平新时代中国特色社会主义思想，组织村民尤其是农村教徒定期学习马克思主义中国化的最新理论成果，坚持先进文化的前进方向，自觉抵制和坚决阻止违反四项基本原则、违反改革开放等错误思想观点在农村的传播。

二是坚持"保护合法、制止非法、遏制极端、抵御渗透、打击犯罪"的工作方针。既要治理宗教问题，又要切实维护信教群众的合法权益。充分利用正规宗教团体作为桥梁纽带加强农村教徒和党组织的联系，妥善处理各种宗教工作关系，坚决抵制宗教政治化、商业化和极端化等不良倾向。

三是加大人性关怀力度，提升村民幸福感。重点关心关怀留守老人，完善养老敬老基础设施和工作机制。

四是将农村宗教工作纳入村委会成员的绩效考核,明确村委会干部的宗教管理职责。在信教人员较多的地方要成立村级宗教工作领导小组,定期开展村内宗教工作会议,部署村级宗教管理任务。

(三)加强基层党组织建设

农村基层党组织是乡村治理体系中最核心的组织,处于中心地位,发挥领导核心作用。

一要选优配强村支部书记。继续重视发挥第一书记、大学生村官等"输血"机制作用。坚持从乡村优秀群体中选拔村党组织书记,包括本村致富能手、复员退伍军人、返乡创业人员、乡贤精英、乡村教师、大学生村官等。

二要提升基层党组织整体战斗力。推行支委和支部书记"两推一选"方式,持续将年富力强的党员干部吸收为支委班子成员,实现学历年龄"一升一降"。完善激励机制,提高农村基层干部的政治待遇和经济待遇。

三要提升农村党员队伍整体素养。开展对农村党员的大规模培训工作,提升其政治素质、党性修养和能力本领,强化党员干部的使命担当。

二、坚持基层自治是核心

坚持基层自治在乡村治理中的基础性地位是保证乡村治理有效、实现乡村振兴的前提。我国乡村自治是指在村委会的领导下,引导农民在一定范围内进行自我治理的制度,广大村民通过民主选举、民主决策、民主管理、民主监督四个环节,实现自我管理、自我教育、自我服务、自我提高的过程,是实现村民当家作主的民主制度。村民自治通过"四个民主"唤醒广大村民参与乡村事务的觉悟,提高村民参与水平和质量,实现乡村治理的民主化。

（一）完善村民自治体系

一是完善以村党组织、村委会、村民会议、村民代表会议、村民议事会、村民小组为主体的村民自治组织体系。

二是依法厘清乡镇和基层自治组织的权责边界，理顺村委会与其他村级组织的关系，清理规范村民自治组织过多承担的政府延伸职能，明晰权利和责任边界。

三是不断完善民主议事制度，把乡村重大事务的决策、管理、监督等事项交给村民，确保民主监督落到实处。

四是利用电话、网络新媒体等工具创新村民参与途径。推行政务、村务阳光工程，条件许可的村庄可以建立门户网站，在网上实现村务公开等，使村民自治制度更好地体现时代性。

（二）提升村民参与自治的能力

村级治理中，村民是最重要的参与主体，村民有效参与的自治才是有质量的自治。

一是培育村民主动参与自治的意识。在乡村范围内大力普及自治参与意识教育，激发其参与的热情和动力。

二是提升村民参与自治的政治素养和能力。在自治实践中，着重凸显村民自治主体地位，提高其自我表达和自我审视能力。

三是改进村民参与自治的手段和方式。新时代村民对自治的参与除了传统管理、选举、决策、监督外，还可以通过"文明劝导员""纠纷调解员""邻里互助会"等形式进行。

（三）开展形式多样的基层民主协商

党的十八届三中全会指出，要开展形式多样的基层民主协商，推进基层协商制度化，建立健全居民、村民监督机制，促进群众在城乡社区治理、基层公共事务和公益事业中依法自我管理、自我服务、自我教育、自我监督。有一些地方在基层协商民主方面进行了深入探索和实践，形成一些有典型意义的模式和经验，值得借鉴。

比如浙江象山县的"村民说事"制度。在浙江象山，"有事，坐在一起好好说"已成为农村居民的口头禅，围坐在一起，从说事、议事，到办事、评事，倾听村民呼声，全面回应村民期盼，全方位接受村民监督。始于2009年的浙江象山县的"村民说事"制度，通过从回应、落实到问责全过程，涵盖"村民说事、村务会商、民事村办、村事民评"无缝隙流程的设计，有效解决与弥补了当前乡村协商民主建设中普遍存在的一些问题与不足。

三、坚持依法自治是保障

法治是乡村治理的重要保障，村委干部带头守法，培育村民法律意识是提高乡村治理现代化水平的重要要求。习近平总书记指出，国无常强，无常弱，奉法者强则国强，奉法者弱则国弱。基层治理必须符合法治社会的要求，构建科学的乡村治理体系必须以法治为原则和标准，坚决摒弃"人治"模式，依法治理乡村。

（一）落实普法教育宣传工作，推进依法自治

一是要加强对干部队伍的教育培训工作。通过邀请法律专家开展专

题讲座、定期组织研讨班等，强化乡村干部法治思维，使其在工作中以法律为准绳，做到有法必依、执法必严，在群众中树立公平公正的干部形象。

二是要加大法治工作在村民中的宣传力度。通过开展法律知识竞赛、知法守法讲座、经典法治案例分享会等活动，提升广大村民的法治意识，引导广大村民依法合理地表达自身利益诉求。村民法治意识不断增强，能够做到自觉守法、遇事找法，依法化解乡村社会矛盾。

（二）建立健全基本公共法律服务体系

健全完善乡镇司法所组织机构，依托乡镇司法所设立乡镇公共法律服务站，为乡村提供普惠高效的公共法律服务。协助落实村法律顾问制度，组织基层法律服务所和基层法律服务工作者参加法律服务专项活动，基本实现"一村（社区）一法律顾问"。

（三）加强对农村各类问题的预防和监管

健全农村社会矛盾预警、协商沟通、救济救助机制，组建完善村级人民调解委员会，成立农村各类专业性调解组织，打造综合性、一站式矛盾纠纷调解工作平台，整合各类调解资源力量，完善调解、行政裁决、行政复议、诉讼等有机衔接的纠纷解决机制，将矛盾纠纷解决在基层和萌芽状态，实现"小事不出村、大事不出乡、矛盾不上交"。

四、坚持以德治村是基础

在现代意义上，德治是以道德规范来约束人民行为从而维持社会秩序的治理观念和方式。道德约束是一种非正式制度约束，也是一种"软约束",以其强烈的外在舆论压力和正确的价值导向影响乡村治理活动,对于法律起到弥补作用。"德治"为乡村治理提供养分,涵养乡村治理体系,增强村民情感道德认同。

(一)创新乡贤文化,实现乡村协作共治

乡贤文化是我国传统文化的重要内容,其存在是封建政权和乡村自治权融合的结果。在中国古代,由于地域广泛、交通和通信条件有限等原因,形成了"皇权不下县"的传统,县域以下地方基本上为乡村,其社会治理基本受皇权委托,由民间权威即乡绅代理,各地乡绅成为乡土社会的直接和实际领导者,在开展乡村公共事务管理、公共秩序维系、地方建设组织方面起到不可替代的作用。近代以来,尽管以乡贤为重要中介的传统乡村治理格局不再,但宗族、士绅等传统社会元素并未消失,乡贤文化以新的面貌和形态继续存在。

弘扬新乡贤文化,用好乡贤特有的才识、技能、资金、品德及影响力等"财富",能够提高乡村治理水平和治理能力、降低政府治理成本。近年来,广东云浮市通过创设乡贤理事会,整合乡村组织资源,开辟的新型"官民共治"治理新路径,正是这样一种典型。在充分发挥党的全面领导和政府主导作用、推动社会治理现代化的今天,乡村治理应从优秀乡贤文化中汲取组织和人才资源,争取民间权威、经营力量的参与支持,更好地实现乡村协作共治,打通政府治理与村民自治衔接、互动的通道。

(二)完善村规民约,发挥软约束作用

村规民约集合了传统文化相关教化思想和规范性要求,是传统文化的制度"规范版本",在乡村社会治理结构中扮演民间"法典"角色。它在约定俗成的传统习惯基础上,结合乡村具体实际,规定着内务、对外关

系处理及活动开展应遵循的准则规范，是实现乡村治理的重要载体和直接依据。其特点是内容广泛，治理弹性大、韧性强，既吸收传统道德要求，以非官方形式发挥规范作用，又与村民自我管理、自我教育、自我服务相对接，为乡村"三治合一"元素交汇提供媒介。此外，由村规民约延伸而来的传统家规家训，在规范调节宗族家族内部关系、调解家庭纷争、维持家庭和睦等方面也具有重要作用。

为了有效发挥村规民约的作用，增强乡村治理，需要规范村规民约的制定，完善确保村规民约实施的监督机制，增强村规民约对村民的约束力。

一是提高村民制定村规民约的参与度。乡村干部要经常走村串户，积极与村民沟通，听取村民的看法与意见，并积极反馈，合理意见要有效落实，提高村民的积极性。

二是提高村干部的思想认识。要让村干部认识到，制定村规民约不仅是政治任务，更是加强乡村治理的有效措施。村规民约是党的群众路线在乡村治理中的体现，要发挥群众的主体作用，让群众充分感受到村规民约对自身带来的好处。

三是加大宣传力度。除了张贴告示、挨家挨户宣传等方式外，还可以采用集中讲座、广播等形式，同时利用抖音等新媒体宣传村规民约。

（三）健全乡村道德评议机制，发挥道德模范的榜样作用

在德治过程中，建立道德评议机制，发挥道德模范的榜样作用，能够起到惩恶扬善的效果，有利于激发社会正能量，形成良好的道德风尚。建立健全道德评议机制，首先要建立由威信较高、办事公道、有责任心、组织能力强的村民和老党员组成的道德评议机构。其次，要在广泛调研的基础上，制定为村民普遍接受和切实可行的道德评议标准和实施细则。

再次，严格遵循评议程序和标准，采取公平、公开、公正的原则，采取多种评级方式，在实事求是的基础上对村民行为进行评议。最后，根据评议结果对好人好事要进行表彰和奖励，对不道德的村民要进行批评和教育。在有关村民切身利益的评优评先等事项上，要将评议结果和纠正情况作为重要参考，使道德评议活动真正发挥纠正村民不文明行为和营造文明乡风的作用。

道德模范一般是那些有着崇高精神和高尚行为的人，他们深受社会的尊崇。在尊崇道德模范的社会氛围下，人们的思想和行为也会受到潜移默化的影响。要通过各种途径引导村民学习先进人物和典型事迹，弘扬真善美，形成正向的道德激励机制，营造良好的乡村德治氛围。

五、弘扬传统文化是抓手

文化是影响乡村社会关系结构的重要力量，文化兴则乡村兴。当下的乡村社会治理，不只单纯涉及政策设计、制度建设的"奠基"问题，还有文化建设的"策应"问题。从传统文化特别是传统治理文化中吸取精华，运用传统文化的手段和力量来加强乡村治理，使之更富有人文关怀感和历史厚重感。从传统文化的角度介入乡村治理，实行"文化搭台、治理唱戏"，有助于统筹协调文化振兴与乡村治理工作，实现乡风文明和乡村治理有效。

（一）弘扬传统文化与伦理道德

中华传统文化蕴涵着丰富的教化理念、人文精神、道德规范，集"修齐治平"功能于一体。在世界文化大家庭中，中华德治思想独树一帜，有效维护了社会秩序稳定，促进了人与社会、人与人、人与自然关系的和谐有序。其内容包括以孝道、差序为核心的人伦规范，以厚德、自律为核心的修身之道，以中庸、道义为核心的人际准则，以自强、有为为代表的处世精神，以爱国、济世为核心的责任担当等。这些思想智慧或情怀有利于塑造价值观、协调利益关系、强化情感认同、调处矛盾纠纷，能够为解决繁杂的乡村治理问题提供方法借鉴。

（二）丰富和发展民俗文化

我国乡村在漫长发展中，逐渐形成了各具地域和民族特色的丰富民俗文化，如多地共有或当地特有的节庆、习俗活动等。这种文化是乡村传统公共文化的生活形态，是乡村土地上的民间成果，其产生或顺应农事时节，或怀念先贤故人，或来自民间传说，深深融入乡民的生活日常，浸润着浓厚的乡情乡愁，具有浓厚的乡土气息。它以家族本位、人情礼俗、安土重迁为纽带，将传统乡村社会形塑为一个区域文化共同体，凝结"凡我族类，其心必同"的文化共识，给人以集体归属感和身份认同感。这种看似无形的感觉，恰是乡村群众参与公共治理的深层动因，对聚合乡村社会具有重要作用。对于有一定历史的村落，要加强对村志村史的探寻与修撰，提高村民对本村历史的了解与认同，增强凝聚力。对于宗祠庙堂，要引导合理修缮与保护，规范祭祀礼仪，增强传承效果。

（三）推动优秀传统文化与新时代乡风文明建设融合

充分了解广大村民的精神文化需求，深入挖掘当地传统文化所蕴含的优秀品格和历史价值，通过完善丰富宗族家训、扩大公共文化设施供给、发展文化产业、培育绿色生态文化等方式培育乡村新风尚。开展各项优秀道德模范评选活动，发挥榜样力量，运用舆论引导村民向善向上。

六、关爱"留守儿童",关心"空巢老人"

改革开放以来,我国经济快速发展,城市化进程加快,同时人口流动的数量、质量以及流动速度都在不断上升,农民工作为劳动力流动的主体,为我国经济进步、现代化建设作出了非常大的贡献。他们的子女大多年幼,处于身体和心理成长的关键时期,却长期得不到父母的陪伴和教育,成为"留守儿童";他们的父母随着年龄的增长,逐渐丧失劳动能力,甚至生活自理能力,成为"空巢老人"。如何保护乡村留守儿童的基本权益,提高空巢老人的幸福感,成为新时代乡村治理的重要工作。

(一)政府、家庭、学校"三管齐下",保障留守儿童基本权益

各级政府加大对乡村留守儿童的关注度,成立"乡村留守儿童权益保障协调委员会",构建政府主导下的多元主体参与格局。政府职能部门发挥主导作用,其他责任主体在各自职能范围内开展乡村留守儿童权益保障工作。逐步建立乡村留守儿童福利津贴,关注留守儿童需求,重视留守儿童家庭功能实现,加强对留守儿童的教育干预,创新留守儿童监管办法。同时,大力发展当地经济,减少外出务工现象。

家庭在解决乡村留守儿童问题方面具有不可替代的作用,要促进外出务工父母与留守儿童的沟通;在保障基本生活与教育的同时,注重孩子习惯的培养、道德的教育等;有效增加与孩子的相处时间、沟通渠道,及时了解子女的心理发展状况,在子女成长过程中给予更多关爱。

学校要合理分配教育资源,除了智力教育,更多关注留守儿童心理健康。提升"家校"合作,将一部分家庭教育的职能转移到学校教育中。学校通过与父母的定时沟通,将留守儿童的状况及时反馈给父母,共同促进其健康成长。学校环境应与社会环境有所隔离,不允许社会不良青

年到学校闹事，可采用半封闭式寄宿办学制度来保障留守儿童教育环境的安全，降低留守儿童的不安全感。

（二）净化乡村社会环境，全社会共同关注留守儿童

环境是影响留守儿童身心发展的重要因素之一，净化乡村的社会环境是有效防控留守儿童隐性违法、保障其基本权益的有效途径。乡村社区应积极配合学校开展法治宣传教育活动，定期公布各类违法犯罪行为及危害，使留守儿童意识到违法犯罪的后果，不敢以身试法。同时打击对留守儿童犯罪的行为，让留守儿童有安全感。切实发挥村（社区）在留守儿童监护和教育方面的功能，多开展针对留守儿童寓教于乐的活动，加强政府相关部门和司法相关的社会社团的联系，构建学校、（村）社区和社会团体共同组成教育监护体系，共同做好留守儿童隐形违法的教育和挽救工作，形成全社会共同关爱留守儿童的社会环境。

（三）从物质精神多方面提升空巢老人幸福感

在物质保障上，加大对农村空巢老人的财政倾斜力度。各地政府根据当地农村经济社会发展水平的实际，加大对农村空巢老人基础养老保险金的发放额度，适当提高农村空巢老人医疗保险报销的比例。增加村级养老机构的数量，丰富服务内容，提升服务质量。鼓励地方企业和私营业主为健康状况良好的空巢老人提供从事生产、服务的岗位，让他们发挥余热，感受到老有所为。

在精神幸福上，大力弘扬传统孝道文化，并赋予其新时代特征。将孝道文化纳入社会主义核心价值观体系进行宣传，让孝道回归家庭道德、社会美德的本来位置。评选"孝道之家"，梳理孝道典型，批评不孝行为和不孝家庭，在乡村形成孝行光荣、不孝可耻的良好风气。加大对青少年、

学生的孝道教育，让孝道文化代代传递。

七、建设乡村信用体系，营造诚信氛围

"信用"是乡村建设和发展的无形资本和特殊资源，是提升乡村形象和软实力、增强乡村综合竞争力的有效保障。城市信用体系建设在提升区域信用环境、提高社会治理水平方面发挥了巨大作用，"信用"这一新型治理工具也逐渐向乡村覆盖。从国家层面来看，乡村信用体系建设是社会信用体系建设的重要构成部分，同时也是我国《社会信用体系建设规划纲要（2014—2020年）》中提出的专项工程。经过不断发展，乡村信用体系建设已成为我国乡村基础设施建设的重要组成部分，在缓解农村信用信息不对称、提高农村生产经营主体信用、优化信用环境方面起到了非常可观的作用。在2020年中央一号文件中，明确提出了稳妥扩大农村普惠金融改革试点，鼓励地方政府开展县域农户、中小企业信用等级评价的要求，"信用"日益成为有效解决"三农"问题和发展普惠金融的重要工具。

综观国内各信用村的发展经验，我国农村信用体系的建设以金融信用为主，包括金融信贷、信用宣传和建设农村信用信息管理系统三个方面。

（一）金融信贷

创新式地将农村信用建设与金融信贷深度融合，积极与当地农商行等金融机构开展信贷合作。坚持"支农惠农"的原则，因地制宜地建立农村独特的信用评定体系。探索试点"整村授信"模式，在降低金融机构放贷风险成本的同时，有效缓解村民担保难、融资难的问题，让农户更容易获得信贷支持，助力村民致富和乡村发展。

（二）信用宣传

各地村委会和金融机构采取群众喜闻乐见的方式，开展了丰富多彩的信用知识宣传。山东各地在传统媒体的基础上，运用微信、微博等新媒体，对广大农户和贫困户加强征信知识宣传，并且以当地特色文化为主体开展文艺活动，扩大宣传受众面。西藏更是借助驻村工作队，采取村民家访、面对面答疑等方式深入推进信用文化建设。各地大力发挥榜样的力量，通过挖掘农村信用创建工作中的典型事例，积极营造"守信者荣、失信者耻"的社会氛围。

（三）农村信用信息管理系统

村委会积极建立农户诚信档案，客观记录农村居民的基本信息、有无犯罪记录，以及守信和失信信息，为村民打造电子版的"信用身份证"。建立了完善的信用评分考核制度，通过实行信用分级，用"红名单"和"黑名单"来有效规范村民行为。广东的郁南县建立了县、镇、村三级联动的信息采集机制，同时建立了县级综合性征信中心以及县级信用数据库，制定统一的采集指标，并完善其体系。镇、村征信部门、金融机构及政府部门可运用郁南县专线与县级综合性征信中心加强沟通，并对农户家庭相关信用信息进行查询和报送。

八、运用互联网技术，推进乡村数字化建设

以大数据、物联网、人工智能以及区块链等为代表的数字化技术的日益成熟，为社会治理转型注入了新动力，提供了新型战略资源。2019

年 12 月颁布的《数字农业农村发展规划（2019—2025 年）》将"建设乡村数字治理体系"列为"推进管理服务数字化转型"的五大任务之一。如何利用数字化技术所产生的创造力、活力以及塑造力，健全乡村治理体系将是未来我国乡村治理体系现代化建设的重要方向和关键内容。数字化技术对于乡村治理体系现代化建设的赋能主要包括以下三个方面：

（一）数字化平台整合治理力量，促成多元共治局面

乡村最缺乏的并不是治理力量，缺的是把不同主体的治理潜能有效聚合在一起并转化为治理力量的平台。基于数据库、通信技术等立体协同的数字化平台，能将多层次甚至跨界的治理主体有效协调，结成虚拟群体参与共同治理。在乡村治理体系中，数字化平台能实现"政府主导"与"公民主体"的结合，达成"自上而下"的政府治理思维与"自下而上"的社会治理需求有效衔接。

具体来说，地方政府可借助数字化治理平台，更好地履行政府在乡村治理体系中的主导职责，精准提供乡村公共治理所需产品、服务等治理资源。村民、村两委干部、新型农村主体经营者和非政府组织等主体，可以通过数字化治理平台献策与监督，在治理实践中献力。数字化治理平台消除了多主体参与乡村治理所存在的障碍，形成多元主体共同参与乡村治理现代化建设的良好局面。

（二）农业数字化促进乡村经济发展，夯实乡村治理物质基础

乡村治理离不开物质基础，从产业整合来看，农业数字化有助于全面采集与深度挖掘生产、检测、包装、仓储以及再加工等环节的数据，并通过卫星、航空以及地面无线传感器等"天空地"一体化的数据采集系统的聚合与分析，提高农业资源配置效率，促进农产品高质高产、集

中调运、精准配送。从农业产业链建设来看，包括云计算、大数据、物联网以及人工智能等新一代信息技术在农业生产、管理各环节广泛运用的农业数字化，将促进信息智能嵌入种植业、畜牧业、渔业等的发展中，并由此催生出三产融合的新业态，为乡村全产业链发展赋以"乘数效应"。

（三）数字化加快乡风文明建设，为乡村治理创造良好的人文环境

以智能手机为载体的数字化技术已在乡村社会广泛普及，如何顺势而为将其作为提升村民综合素养、建设乡风文明的工具，是乡村治理面临的全新课题。地方政府要在《中华人民共和国网络安全法》《互联网跟帖评论服务管理规定》等法律法规指导下，制定或完善相关管理制度，有效管控和引导利用数字化技术进行的传播行为，营造良好的网络空间。在建设农村数字化图书馆、文化馆、农家书屋等基础上，利用互联网、物联网等技术充分了解村民文化需求，为村民提供健康的文化服务，充实其精神生活，增强其抵制不良信息的能力。村支两委可以利用数字化学习资源，定期组织村民开展专题教育，引导村民学习知识、开阔视野，通过"自我教育"提高综合素养。

大力发展社会组织
助力乡村振兴

十八大以来,中国抓住时代机遇实施乡村振兴发展战略,为解决"三农"问题提供了重要理论基础,为巩固脱贫攻坚成果提供了有力保障。2021年,中共国家乡村振兴局党组在第4期《求是》上发表《人类减贫史上的伟大奇迹》,从八个方面总结了脱贫攻坚的辉煌成就:一是贫困群众生活水平显著提高;二是贫困地区基础设施显著改善;三是贫困地区公共服务水平明显提升;四是贫困地区经济社会加快发展;五是贫困群众精神面貌明显变化;六是党在农村的执政基础更加巩固;七是为做好"三农"工作和实施乡村振兴战略积累了宝贵经验;八是为全球减贫事业作出重大贡献。同时,总结了十一点宝贵经验,其中第七点提到"广泛动员社会力量,形成脱贫攻坚合力。发挥社会主义制度集中力量办大事的优势,东部省市与中西部省份开展扶贫协作和对口支援,中央单位开展定点扶贫,军队与贫困村结对帮扶,工会、共青团、妇联、残联等持续加大帮扶力度。开展民营企业'万企帮万村'精准扶贫行动,建设社会扶贫网,动员社会组织、公民个人积极参与"。社会组织在脱贫攻坚中的地位和作用得到国家的肯定和关注。

社会组织作为一种介于政府和市场之间的特殊组织，是我国社会主义现代化建设的重要力量，在打赢脱贫攻坚战中发挥了重要作用。在实施乡村振兴战略中，社会组织为乡村建设和发展注入了新的动力，也作出了巨大贡献。在脱贫攻坚时期，政府的主导发挥了重要的"压舱石"作用。然而，在乡村振兴中，激发乡村发展的内生动力是关键，传统政府主导乡村建设的模式具有一定的局限性，存在诸如人才匮乏、资金缺乏、主体单一、矛盾集中等一系列问题。社会组织具备非政府的、非营利的、自愿组成的特殊属性，在市场、政府无法解决的问题上能发挥重要作用。近年来，我国社会组织进入蓬勃发展的阶段，在助力脱贫攻坚中，发挥着创造性强、群众黏合度高的特性，逐渐成长为重要的社会力量，受到了政府和社会的广泛认可。在乡村振兴中，不仅"扶上马"，还要"送一程"，社会组织必然成为不可或缺的力量。

截至 2021 年 2 月，各级民政部门共登记社会组织超过 90 万个。社会组织已经进入国家乡村振兴局的视野，在接下来的乡村振兴工作中将发挥重要作用。应积极探索社会组织参与乡村振兴的路径，广泛动员社会组织参与，发挥其优势，为实现乡村振兴作出有力贡献。

一、社会组织的特点和优势

社会组织具有区别于政府、营利组织的显著特征，主要以提供社会服务为宗旨，具有非政府性、非营利性、志愿性、自治性等特征。从表现形式上看，社会组织主要包括以会员制形式组成的各类社会团体，如商会、基金会、团体、联合会、协会等，还包括以非会员制形式组成的民办社会养老、医疗、学校等福利机构、公益性服务实体等。在功能上，社会组织由于其天然属性特殊，在政府和市场无法发挥作用的领域中发挥重要的作用。

（一）弥补政府调节的局限性

政府在乡村振兴进程中统筹全局，扮演"总指挥"角色，也是乡村振兴战略最主要的实施者，但也要规避其全能运行倾向所形成的负面影响。首先，根据经济学理论，"政府自上而下主导、单方供给公共服务"的模式，易造成"免费搭车""供需不平衡"等市场失灵情况，从而引发社会公共服务出现总量不足、质量不高、结构失衡等问题，而这与信息不对称、监督机制不健全、致贫因素复杂等因素密切相关。同时，单一供给模式无法适应乡村振兴和农村治理多元化需要。其次，乡村政府由于其力量薄弱，难以满足村民日益增长的需求，这就势必要求更多的力量加入乡村振兴队伍，弥补其不足，从而更好地满足广大乡村群众的实际需求。

社会组织基于中立性和公益性，能够动员整合各种社会资源，缓解财政紧张和公权供给不足的压力，同时，吸纳社会精英和专业人员，提供乡村振兴需要和最稀缺的资源。它还减少了烦琐的中间环节，以多种形式直接为"三农"发展和乡村振兴提供具体或针对性支持和服务。一是通过行业协会和专业指导协会参与乡村振兴。建立乡村基层行业协会和专业指导协会，可以有效地普及乡村振兴专业知识，指导解决乡村发展中面临的问题，促进美丽乡村的建设。二是农民自发组成民间组织参与乡村振兴。民间组织也是社会组织的重要组成部分，农民自发建立维权组织、乡村经济合作组织以及乡村服务组织等，充分发挥农民群众的主体作用，重点支持乡村振兴中的社会组织与农民组织的合作。

（二）弥补市场机制的缺陷

在政府的有力引导下，市场成为我国资源配置的重要方式，而市场主体往往以追求个人利益最大化为根本目标，有时忽略了社会利益最大化的实现。市场主体的这一特点会导致经济发展相对落后、主体实力不强大、信用结构不健全、市场体系不完善、信息反馈不透明的广大乡村在吸引扶农资源时存在困难。乡村振兴需要的是"雪中送炭"，往往市场没有足够的"利他主义"动力来注入优质资源，这也是乡村发展滞后的根本原因之一。而社会组织是市场机制的有效补充，具备鲜明的"利他主义"，能更好吸纳、平衡、汇集、引导资源向乡村倾斜，能有效弥补市场失灵导致的乡村社会服务供给不足，不断满足乡村振兴在经济发展、社会服务等领域的多样化需求。

（三）具有独特价值和专业优势

党的十八大以来，我国各类社会组织发展迅速，已经成长为社会治理多元主体之一，在党的领导下，与政府、公民及各方良性互动，为社会提供了多种类型的公共服务，较好地解决了我国快速现代化过程中出现的诸多社会问题，在灾害救助、贫困救济、医疗支持、扶老助残、行业自治、对外交流等领域发挥了积极的作用。

社会组织具有弥补社会治理短板的结构优势。近些年，随着社会组织规模的快速增长，国家通过优先向社会组织购买扶贫攻坚相关服务项目、对参与精准扶贫社会组织施行减税免税政策、加大对社会组织的金融支持力度等一系列支持性制度安排，鼓励社会组织参与贫困治理，社会组织在贫困治理中的结构优势逐渐显现。乡村振兴背景下的相对贫困治理需要全面考虑社会生活和居民需求的方方面面，而社会组织因其结构相对简单、运作环节少，在公共产品和服务提供中更易从"特殊多元"切入，形成有效补充。

社会组织具有可持续专业服务的动力优势。在资源整合方面，社会组织具有高效整合资源的优势。在相对贫困治理中，社会组织构建起政府与市场、政府与社会组织、社会组织与企业、企业与企业的关系网，促进爱心人士与帮扶对象直接对接和持续帮扶。之所以能够做到这一点，就在于社会组织能够扎根于基层进行实地调查，并充分尊重相对贫困群众的主体性。自2013年国务院办公厅下发《关于政府向社会力量购买服务的指导意见》后，民族地区政府也在积极探索通过市场购买的方式，将一部分公共服务事项交由具备条件的专业化社会组织承担。政府的支持使社会组织可以更从容地针对"小而散"的"个性化"民生需求提供多样化的专业服务，帮助相对贫困群体树立脱贫致富信心、调试社会关系、提升自我发展意识。

二、社会组织参与乡村振兴的困境

社会组织已遍布并活跃在社会各个领域中，是新时代中国特色社会主义现代化建设的重要力量。主客观因素的制约，致使其在参与乡村振兴战略实施中面临困境，主要表现在以下三个方面：

（一）法律地位和保障依然缺位

2016年，中共中央办公厅、国务院办公厅印发了《关于改革社会组织管理制度促进社会组织健康有序发展的意见》，提出登记审查机构、业务主管单位、行业管理部门和相关职能部门各司其职、协调配合，登记前审查与事中事后监管全过程衔接，形成行政监管与行业自律和社会监

督相结合的有效机制。2018年，民政部发布了《社会组织信用信息管理办法》，提出加强社会组织信用信息管理，推进社会组织信用体系建设，建立了全国社会组织信用信息公示平台，实时记录已登记社会组织基础数据和信用信息等内容。

这些法律制度在一定程度上解释了社会组织的合法性问题以及监管和运行机制。但在农村层面，对于明确社会组织在乡村管理上的具体定位，存在明显法律制度的滞后和缺位问题。一方面，由于相关法律法规对于乡村社会组织的形式定位较为模糊，乡村社会组织在广大农民群体中缺少公信力，导致执行力受阻、协调能力较弱等问题。另一方面，乡村社会组织在实施乡村管理、提供服务等过程中缺乏对工作效率、财务制度、准入标准、组织架构的监管和评价体系，导致参与乡村社会服务的社会组织"良莠不齐"，还使得其中表现良好的社会组织难以享受到政府的支持和优惠政策，被动造成"劣币驱除良币"，对社会组织支持乡村振兴产生了不利影响。我国社会组织的发展已经进入新时代，建议民政部配合司法部制定《社会组织登记管理条例》，改进社会组织登记、内部治理和行为准则等内容，促进社会组织健康有序发展。

（二）公信力及其能力有待加强

社会组织的公信力，既包括自身的信用水平，即获得政府、公众信任和支持的能力，也包括政府和公众的信任程度。由于缺乏独立的法律地位、自身运行不规范和监督机制不健全等，影响了社会组织的公信力。我国社会组织起步晚、发展进程慢，参与乡村建设的本土化经验实践有限，自身运行的经费不足、资源动员不够、管理运行不畅和监督制约机制不完善，都不同程度地影响了参与乡村振兴的广度和深度。新时代我国社会组织进入发展快车道，政府应当针对社会组织普遍存在的组织规模小、经费来源少、物力资源缺和人力资本匮乏等问题，积极给予政策、资金、人力、项目和管理等方面的引导和支持，助力和规范社会组织的发展，全面提升其公共服务供给和参与乡村振兴的能力。

（三）资金与专业人才相对短缺

乡村振兴战略的实施，从吸纳社会资源、补充公共服务到推动乡村治理，都离不开资金的保障与专业人员的指导。2021年初，中共中央办公厅、国务院办公厅印发了《关于加快推进乡村人才振兴的意见》，提出坚持把乡村人力资本开发放在首要位置，大力培养本土人才，引导城市人才下乡，推动专业人才服务乡村，吸引各类人才在乡村振兴中建功立业，健全乡村人才工作体制机制，强化人才振兴保障措施。而培养人才本身就离不开人才的输入，当前众多社会组织存在专业人才不足、管理水平不高、筹资能力薄弱的瓶颈。同时，社会组织由于主体不明确，筹资能力、动员资源能力较弱。

1. 资金支持能力不足

资金是社会组织服务乡村振兴建设及后续发展的基本要素，但由于其形式特殊，不属于法人主体，吸纳资金存在一定障碍，对乡村的资金支持力度有限。一方面，中西部地区财政收入水平较低，维持基本公共支出已略显吃力，而我国现存的社会组织基数庞大，政府为社会组织拨付的经费占比较少，难以抵消组织的基本运作成本及投入。另一方面，许多经济欠发达地区的农村，仍处在贫困边缘线上，由于产业基础较弱、资金缺乏、人才不足等原因而缺乏积累财富的可持续内生动力，对于资金需求较大。社会组织的资金问题是其正常运行和支持乡村振兴发展的瓶颈问题，但目前社会组织的资金来源渠道单一，对社会捐赠过度依赖，使得在服务乡村振兴中不可避免地出现追逐利益最大化的倾向，导致其对乡村振兴的作用变质。

2.专业人才储备不足

专业人才的缺乏是目前基层社会组织在深入发展中避不开的一大难题,如何强化人才振兴保障,培养造就一支懂农业、爱农村、爱农民的"三农"工作队伍,是目前社会组织的短板。当前社会基层组织大多由农民、无业人士等参与运营,专业水平较低、知识储备不足,远远无法满足乡村振兴的要求。建议加大对社会组织的培训力度,加强对乡村振兴政策的宣传解读,动员引导各社会组织加强人才培育,为乡村振兴提供智力支持。

三、社会组织支持乡村振兴的路径

在乡村振兴发展战略中,社会组织可在地区产业发展、就业培训、生态保护、教育、健康等多领域发挥重要作用。

(一)重点提供金融支持

乡村振兴离不开资金助力,但乡村振兴由于主体实力较弱、信用资源不足存在融资困难的瓶颈。建议社会组织以村镇为单位建立扶贫互助资金协会,对乡村资金需求进行大排查,摸清底数,通过与政府、农户三方构建风险共担机制,撬动财政资金。简化资金放款、用款效率,以"走出去"为原则推动扶贫互助资金协会职能优势进一步拓展。在摸清底数的基础上上门找群众办借款,精简群众办事的流程,缓解群众发展生产资金短缺的问题,将协会发展成乡村"草根银行",弥补金融市场空白。

（二）助力补齐民生短板

社会组织可聚焦民生领域的短板弱项和群众关切的热点难点，协助党和政府筑牢民生底线、提升民生服务水平。

一是点对点帮助特困人员。积极参与社会救助兜底保障工作，定点摸排乡村民生需要，解决民生重难点问题，精准帮扶农村低保或低保边缘人员、特困供养人员、完全丧失劳动能力且无法通过就业获得稳定收入的人员、因自然灾害或身体疾病导致生活不能自理的人员。

二是成立留守儿童关爱组织。根据民政部报告，截至2018年8月底，中国农村拥有留守儿童697万人，其中14岁以下占比超过89.1%。对于如此巨大的数量，目前社会关注度仍然不够，身体力行去贫困山区做志愿者做支教老师的人较少，存在明显供不应求。根据调查统计，大部分留守儿童表示老师很少找自己谈话，43%的留守儿童说老师根本没有找他们谈过话，而且都很害怕老师，也不希望老师找自己谈话。缺乏沟通导致留守儿童心理问题突出。建议各省团委成立专门留守儿童关爱组织，点对点建立留守儿童管理机制，针对教育短板，健全控辍保学机制，通过教育阻断代际贫困。

三是多措并举助力乡村养老。农村老龄化程度重于城市，且养老机制不健全、设施落后，是我国养老的主战场。建议大力发展社会组织为主导的集中供养、居村联养、社会托养、邻里赡养、科技助养等多种养老方式。一方面，推动社会组织建立集中社区养老模式，针对失能、半失能和身体有慢性病的特困老人，依托县内的一些民营医院、乡镇卫生中心医院建设社会托养点，提供治疗期住院、康复期护理、稳定期生活照料以及临终关怀一体化服务。另一方面，利用科技优势，推动社会组织发展科技养老，利用人工智能、大数据等科技手段服务养老社区建设，

实现"无人化治理"目标，做到养老"有人管，管得好"。

（三）提供技术支持

积极推动社会组织开展技术承包、技术咨询、技术培训等专业服务，推动传统农民向现代农民、职业农民发展。一是开展线下培训，组织业内专家在具有一定产业基础的乡村开展培训，从中耕锄草、追肥、病虫害防治、无公害生产等方面进行讲授，打造示范基地。二是充分利用互联网工具，通过组织专家到田间地头"传经送宝"，及时解决农民在生产过程中遇到的各类问题，培育乡村振兴"土专家""田秀才"。三是打造线上交流平台，针对乡村人才留不住、不实用的问题，引导社会组织发挥连接各方资源、广纳专业人才的优势，发挥联结乡村居民与城市居民、农业技术人才与普通农民的桥梁作用。四是通过搭建网上平台，对全区农产品进行整合，线上宣传、推广、营销，线下加工、分拣、配送，形成"线上＋线下＋体验"的新型农产品销售模式，同时，通过互动体验，把城市的爱心带到田间来，把田间的绿色产品带到城市去，拓宽农产品销售渠道，架起乡村产业发展的"幸福桥"。